@AIGUADVALENCIA

BRUJA DE ANDAR POR CASA

ALFAGUARA

Primera edición: mayo de 2023

A les bruixes que m'han ensenyat
quanta màgia hi cap a un calaix,
a les que la fan per tot arreu,
a les que la troben pels racons,
i a les que encara són vives
al meu cor.

ÍNDICE

LA MAGIA
DE LO COTIDIANO

¡Qué suerte que me volváis a leer! Esta vez quería escribir algo más mágico. Más contundente, profundo y oculto. Intentando definir qué contenido albergarían estas páginas, he decidido hablar sobre una magia que algunos ignoran, otros desprecian y yo adoro. Es aquella realizada sobre la encimera de la cocina y bajo la tierra del jardín; en la alfombrilla de la entrada y entre las cortinas y la ventana.

La magia que albergan nuestros hogares no se reconoce lo suficiente, y tampoco se trabaja tanto como debería. Adaptar lo tradicional y hogareño a la realidad actual de muchas personas puede resultar una misión imposible. Tal vez nos parece muy complicado convertir en «mágico» un apartamento pequeño sin balcón, o encontrar la parte brujil de nuestra habitación en un piso compartido.

También es cansado vivir buscando un momento para parar y hacer magia. No soy la única a la que se le ha olvidado una festividad que quería celebrar, o que ha llegado tan cansada a casa que ha preferido dormir a hacer un ritual de luna nueva. Y entre planes, exámenes, trabajo y entregas no encontramos lugar en nuestros calendarios para «ser brujas». Pero es que bruja se es siempre: tanto si haces hechizos todos los días como si llevas medio año sin tocar tu varita. Así que no os preocupéis si, en algún momento, ponéis vuestra práctica en pausa.

Pese al frenesí de nuestra agenda, y adaptándonos a nuestros espacios, podemos seguir haciendo magia. Prometo, al menos, proporcionaros algunas ideas para añadir una pizca de brujería a las mañanas, y así encontrar la magia que albergan vuestros rincones.

CAPÍTULO 1

LO QUE NOS RODEA

Por si aún no os habéis dado cuenta, a nuestro alrededor hay enormes cantidades de energías muy diversas. El paso de las estaciones trae consigo fuerzas concretas, el ciclo lunar afecta a las mareas e incluso la alegría de una persona puede ser contagiosa. Estas energías se mueven, cambian, se transforman y también se transmiten.

Con el incienso adecuado purificamos las energías de un espacio. Asimismo, mediante hechizos accedemos a las cualidades y correspondencias energéticas de los ingredientes y los intencionamos según sea nuestro objetivo. Aprender a trabajar las energías no es una tarea tan sencilla: requiere de práctica, muchas pruebas y, aún más, de errores. Es por esto por lo que empezar haciendo hechizos de alta complejidad no es lo más recomendado. No voy a ser yo quien dicte vuestro camino mágico (dado que cada persona construye uno propio), pero sí he de deciros que no soy partidaria de empezar la casa por el tejado. Aclarado esto, vamos a hablar de la primera energía con la que aprendí a trabajar: la propia.

Puede sonar tremendamente aburrido, pero meditar —entre los innumerables usos y utilidades que tiene— es un método infalible para conocerse y entrar en contacto con la energía de una misma. A veces resulta complicado, dado que nos desconcentramos o no encontramos el momento, pero en realidad meditar es algo más fácil de lo que parece. Yo divido las formas en las que medito de dos maneras: meditación pasiva y meditación activa. Estoy segura de que hay más clasificaciones y tecnicismos, pero separar los tipos de meditación en estas dos grandes categorías me parece muy comprensible. Dentro de la «meditación pasiva» encontramos todos los ejercicios que consisten únicamente en meditar, sin realizar una actividad «extra». En la «meditación activa» hacemos una actividad, generalmente calmada, que nos permite meditar y reflexionar, como podrían ser bordar, modelar cerámica, nadar, pintar, dar un paseo...

MEDITACIÓN PASIVA

Para algunas personas es bastante complicado trabajar con las meditaciones que este título abarca. Como todo, requiere de un poco de práctica.

AQUÍ OS PROPONGO ALGUNOS EJERCICIOS PARA ENCONTRAR, CONECTAR Y EMPEZAR A TRABAJAR CON VUESTRA ENERGÍA.

LA BOLA

Dificultad:	I
Tiempo:	I

Este es uno de los primeros métodos de meditación y manipulación de energía que conocí. Comenzaremos en una posición cómoda, relajando la respiración y cerrando los ojos si lo consideramos necesario. Juntaremos las manos, sin que estas se lleguen a tocar, y nos concentraremos en aquello que queda en el centro. Imaginad una especie de luz, justo entre vuestras manos, y sentid su calidez. Poco a poco, separaremos las manos, haciendo más y más grande la bola. Podemos moverla, pasarla de una mano a otra, e incluso visualizar cómo esta se mueve de forma independiente y desprende su calor recorriendo nuestro cuerpo.

También podemos darle órdenes concretas, como podría ser la protección, y extender la bola de energía tanto como podamos hasta que nos envuelva, convirtiéndola en nuestra burbuja energética.

LA TOMA DE TIERRA

Dificultad: I

Tiempo: I

Nunca me cansaré de usar este método. Es tremendamente útil para aquellos días llenos de nervios, para conectar antes de empezar un hechizo e incluso para llenarse de energía al despertar. De hecho, dado que la podemos hacer tanto de pie como sentadas o con las piernas cruzadas (en posición de loto), resulta ideal para reconectar en cualquier momento. Sí, sí: durante la ducha, dando un paseo bajo la lluvia, mientras os preparáis el café... Parad un momentito y tomad tierra.

Comenzaremos en nuestra posición deseada, cerrando los ojos y relajando nuestra respiración, idealmente en un espacio tranquilo. Relajaremos poco a poco el cuerpo, haciendo movimientos lentos con la cabeza, la columna, el pecho, las caderas... Una vez que paremos, imaginaremos una especie de cosquilleo en un punto de nuestra columna vertebral. Poco a poco, sentiremos cómo este cosquilleo crece y se va extendiendo por cada una de nuestras vértebras, generando una especie de cordón energético. Este cordón viaja hacia arriba y abajo, elevándose al cielo y enterrándose más allá del suelo. Así, el cordón nos conecta con la tierra, pudiendo descargar en ella aquella energía que no necesitemos, y tomando la que nos haga falta.

Mantened la visualización tanto como consideréis necesario.

EL «OTRO» CUERPO

Dificultad:	II
Tiempo:	II

El adormecimiento del cuerpo pasa de forma progresiva y, generalmente, lenta. Si en algún momento necesitáis parar el ejercicio, simplemente tenéis que mover bruscamente las diferentes partes del cuerpo.

Uso este ejercicio siempre que necesito un extra de relajación, pero también cuando un ritual requiere que mi cuerpo quede dormido.

Encontrad una posición cómoda. Si es posible, tumbaos boca arriba en un lugar confortable, como la cama, o, si os dormís fácilmente, en una esterilla. Dedicad un minuto o dos a relajar el cuerpo y calmar vuestra respiración: destensad los músculos e inhalad y exhalad largas bocanadas de aire. Posteriormente, quedaos quietas y «moved» las partes más lejanas de vuestras extremidades sin moverlas (empezad por las puntas de los dedos, los tobillos, las muñecas…). Sentid su movimiento, pero no mováis vuestro cuerpo físico, sino vuestra «energía». Empezad haciendo círculos pequeñitos en los extremos del cuerpo e id moviendo poco a poco las demás partes, acercándoos cada vez más al centro. Además, relajad mucho la respiración hasta que sea mínima. Hay personas que sienten una especie de presión en el pecho conforme se les adormece el cuerpo, y las primeras veces puede ser una sensación incómoda y agobiante. Personalmente, con la práctica le perdí el miedo y dejó de ser algo molesto.

Cada persona conoce sus límites, y está bien intentar algo varias veces, pero, si no podéis soportar esa incomodidad, ¡no pasa nada! Mantened las respiraciones más amplias y adaptad el ejercicio a vuestras posibilidades. Tal vez no dé los mismos resultados, pero sigue siendo una muy buena forma de meditar.

MEDITACIÓN ACTIVA

Este tipo de meditaciones suelen resultar más fáciles de ejecutar, dado que nos mantienen ocupadas. Casi cualquier ejercicio que podamos realizar de forma mecánica (es decir, sin pensar demasiado) puede ser una forma de meditación activa. Ya os he dado algunos ejemplos antes, pero fijaos un poco en vuestro círculo cercano. Seguro que conocéis a alguien capaz de pelar patatas casi sin mirar, alguien que baila sola *playlists* enteras o alguien que puede tocar un instrumento durante horas sin necesidad de partitura. ¡Eso también puede ser una meditación!

Como hay tantas variantes dentro de la meditación activa, os voy a proponer unas cuantas preguntas para que las hagáis cuando meditéis (es decir, cuando realicéis cualquier ejercicio de meditación).

– Antes de meditar, me pregunto: ¿cómo me siento? ¿Necesito una vía de escape? ¿Autorregularme?
– ¿Pienso en algo cuando medito? ¿Dejo la mente en blanco?
– ¿Qué siento cuando medito? ¿Me noto el pulso o el aire pasando por la nariz?
– ¿Qué escucho?
– Después de meditar, ¿cómo me encuentro?
– ¿Ha sido complicado o incómodo?
– ¿He sentido algo concreto? (Tristeza, alegría, nervios…).

Podéis usar estas preguntas para la meditación activa y pasiva.

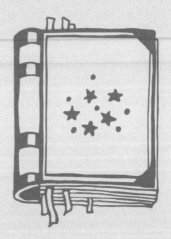

TANTO PARA LA MEDITACIÓN COMO PARA OTROS ÁMBITOS DE NUESTRA PRÁCTICA MÁGICA, ES RECOMENDABLE TENER UNA ESPECIE DE DIARIO DONDE ANOTAREMOS NUESTRAS EXPERIENCIAS.

COLORES MÍSTICOS

Dificultad: I

Tiempo: I

Para este ejercicio de meditación necesitaremos:

- Un set de acuarelas (o ceras, lápices de colores, rotuladores…).
- Un papel (apto para acuarelas).
- Lápiz o bolígrafo.

Empezaremos respirando profundamente. Lo primero que haremos es poner color en el papel. Haced formas, superponedlas… Todo del modo más intuitivo posible. ¡Llenad la página tanto como queráis!

Cuando ya esté la página coloreada, pintaremos garabatos y dibujos por encima de las manchas de color. Este ejercicio es un poco como buscar formas en las nubes. ¿Qué veis? Una sonrisa, un monstruo, un caracol, una persona… Dibujad lo primero que os pase por la cabeza y llenad la hoja de dibujitos.

Además de ser un ejercicio relajante, sirve para entrenar la vista y encontrar formas escondidas; algo que es muy útil para, por ejemplo, leer las hojas del té.

EL TRABAJO
DE SOMBRAS

Antes de continuar, vamos a «mirarnos el ombligo» un poco más. Es muy probable que no sea esta la primera vez que escuchéis hablar del trabajo de sombras, pero... ¿qué es el trabajo de sombras? En primer lugar, vamos a empezar definiendo qué es la sombra.

Las personas tenemos rasgos, características y actitudes muy diversas. Algunas son dignas de orgullo y admiración, y otras quedan ocultas y son reprimidas. A lo mejor son trocitos de nuestra personalidad que nos dan vergüenza, o reacciones que ocultamos por motivos varios. Tal vez, cuando una persona era pequeña, le dijeron que hablaba por los codos y a partir de ese momento siempre se mantuvo alerta para no hablar demasiado. A lo mejor una persona intenta caer siempre bien a todo el mundo porque en el colegio nunca encajó en ningún sitio. La sombra de una persona es aquella parte emocional más oculta que nos hace actuar inconscientemente de una forma determinada. La sombra no necesita una «solución» como tal ni debe «ser iluminada». Necesitamos entenderla, reconocerla y saber cómo actuar con ella de forma sana, para sacar nuestro mayor potencial y vivir de una forma más auténtica y fiel a nosotras mismas.

Enmascarar y reprimir nuestra sombra puede acarrear consecuencias poco agradables: reacciones bruscas a ciertas situaciones, acu-

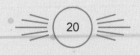

mulación de sentimientos que nos lleven a una especie de colapso…
Pero aprender a trabajar con nuestra sombra tampoco suele ser algo
maravilloso. Podemos hacer trabajo de sombras de manera individual
e independiente, aunque, tal vez, surjan asuntos traumáticos, delica-
dos y dolorosos durante nuestra jornada; temas tan fuertes que no
podamos afrontarlos solas. Pedid ayuda a personas de confianza y
acudid a una profesional siempre que sea necesario. ¡Sí, la terapia
psicológica cuenta como trabajo de sombras!

En el caso de que queráis emprender la jornada del trabajo de
sombras de forma independiente, aquí os dejo algunos consejos para
empezar. Haceos preguntas sobre vuestra vida: ¿cuál era mi canción
preferida hace tiempo?, ¿quién cocinaba la comida que más me gustaba?, ¿cuál era mi juguete más querido?, ¿con quién jugaba?, ¿qué
películas veía?, ¿quién iba a mi clase? Reflexionad sobre una de esas
cuestiones durante un rato y escribid en un diario aquello que os pase
por la cabeza: la escena que os evoque la pregunta, quién había en
ese lugar, cómo os sentíais, cómo os trataban esas personas… Todo
es importante. Podéis volver a haceros la pregunta pasado un tiempo.
Incluid en este diario reflexiones sobre vuestras reacciones a ciertas
cosas que os pasen, o a fechas señaladas. Por ejemplo: ¿por qué me
pone tan nerviosa que alguien tarde mucho en resolver un problema?,
¿cuál es la causa de que no me gusten los cumpleaños?, ¿cuál es la
razón por la que nunca quiero ir a la cena de Nochebuena?, ¿por qué
hoy me ha costado tanto salir de casa?, ¿cuál es el motivo de que no
me sienta satisfecha con las notas que he sacado este curso?

No os presionéis ni forcéis las respuestas. A veces, una pregunta
por mes es suficiente. No se trata de cambiar de la noche a la mañana,
sino de tomar contacto con esa parte de nosotras que reprimimos.
Cada persona tiene una sombra diferente y un ritmo propio para trabajar con ella. Está bien. Id paso a paso. Conforme conozcáis a vuestra sombra y reflexionéis sobre ella, se os irán ocurriendo pequeñas
acciones para ir al mismo ritmo. Tomaos vuestro tiempo y buscad ayuda siempre que sea necesario.

LIMPIEZAS, PROTECCIONES Y GUARDAS

Es común que se nos agudice la percepción del resto de las energías cuanto más conectemos con la nuestra, llegando a afectarnos de alguna manera. Por ejemplo, las lunas llenas y nuevas repercuten en mi estado. En los días adyacentes a estas fases lunares puedo estar más sensible, muy muy cansada y también tener grandes subidones de energía. Siempre que sea posible, intento no agendar eventos importantes y me reservo un par de momentos para cuidarme; si no, trato de tener a mano unas cuantas infusiones que me funcionen.

También nos pueden afectar muchas otras energías, pero no porque la brujería sea mala e invoque demonios y fantasmas sin querer. A mí me gusta verlo como si todo el mundo tuviese una «antena», y las brujas la tuviéramos más activa al trabajar constantemente con energías. Ahora pensemos un poco: si fueseis una entidad, ¿a quién os acercaríais antes? Evidentemente, a alguien con sensibilidad suficiente como para sentir tu presencia. También solemos notar más los efectos de energías que se dirijan a nosotras: envidias, celos, malos deseos…

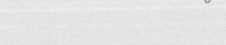

PODEMOS PROTEGERNOS DE ENERGÍAS NO DESEADAS Y LIMPIAR NUESTRO ESPACIO DE ESTAS DE DIVERSAS FORMAS.

·–LIMPIEZA ENERGÉTICA–·

Estoy superconvencida de que os sonará un poquito ya lo de «limpiar y purificar» un espacio. Es muy útil no solo cuando nos envían energías raras, sino también cuando hay tensiones en el hogar, ha habido una visita indeseada… El método que más suelo ver es el uso de humo: se quema un atadillo o incienso con las ventanas abiertas y el humo arrastra la energía no deseada fuera de la estancia. Evidentemente, hay que darle al incienso o a las hierbas la orden clara de limpiar y purificar el lugar. El humo es un método muy útil, pero hay mil formas más de hacer limpiezas energéticas.

- **Abanicos y plumas:** abriendo puertas y ventanas, «abanicad» la estancia con vuestras herramientas. Visualizad cómo aquella energía que no queréis cambia de lugar conforme movéis el aire con el abanico o las plumas. Dirigid esas energías hacia el exterior y, al terminar, cerrad el espacio.
- **Minerales:** ciertos minerales tienen propiedades purificadoras y son capaces de transmutar energía. Estableced la función que deberán ejercer sujetándolos entre las manos y visualizando su funcionamiento.
- **Campanas, cascabeles y diapasones:** la limpieza y purificación con sonido es mi preferida. Haced sonar vuestras herramientas por todo el espacio que vais a purificar. Hay personas que lo hacen con las ventanas cerradas, pero yo prefiero abrirlas. Además de purificar un espacio, el sonido de ciertas campanas y diapasones está afinado con frecuencias que recargan la energía del espacio. Hay frecuencias asociadas al amor, al dinero, a la relajación… Algunas brujas cuelgan campanas de viento cerca de la entrada de su hogar para purificar toda energía que entre. Podéis comprarlas o hacer una propia con placas de nácar, palitos, caracolas…
- **Aceites:** ayudándonos de un difusor, los aceites esenciales de ciertas plantas (cuyas propiedades incluyen la purificación y la limpieza) son geniales para mantener las energías no deseadas al margen de nuestro espacio.

Recordad intencionar el aceite antes de usarlo, dándole una orden clara, y abrir las ventanas para una mayor eficacia.

○ **Limpieza física:** podéis aprovechar el momento en el que limpiáis las estanterías y fregáis el suelo para purificar la energía. Abrid las ventanas y usad productos intencionados; poned sigilos o runas en los botes y pulverizadores. También podéis infusionar el agua de la fregona con lavanda y romero, y empleadla para fregar la casa.
○ **Baños:** formulad un baño mágico, con sales y hierbas varias, para purificar vuestra propia energía. Sería una «limpieza física» intencionada, pero solamente para vosotras. Poned las hierbas en infusores, para que no den problemas al vaciar la bañera. En el caso de que no tengáis bañera, podéis suspender un ramillete de plantas en algún lugar de la ducha para que sus propiedades se extiendan con el vapor. Además, es muy útil hacer coincidir los ingredientes de vuestro gel corporal con vuestras intenciones (purificación, amor, alegría) y así dar un toque mágico a vuestra rutina de limpieza.

Cuando limpiamos con humo, aire, sonido, sal, etc., despojamos de energía aquello que hemos limpiado. A veces, solo sucede de forma parcial, pero también en su totalidad si las hierbas eran muy potentes y específicas, o si la limpieza ha sido profunda, por ejemplo. Es importante «recargar» el espacio o a nosotras mismas después. Quemar romero recarga energías (además de purificar), bailar o cantar también, e incluso meditar.

HAGÁIS LO QUE HAGÁIS, VISUALIZAD CÓMO VUESTRO ESPACIO O VUESTRO CUERPO SE LLENA DE UNA LUZ DORADA, ENERGIZANDO TODO AQUELLO QUE TOCA.

·–PROTECCIONES Y GUARDAS–·

Este título abarca una gran cantidad de hechizos, amuletos, minerales, rituales y ejercicios energéticos. A mí me gusta hacer dos grandes divisiones: protecciones temporales y protecciones y guardas de larga duración. Las protecciones temporales se activan antes de un ritual, o se intencionan para protegernos durante una actividad concreta (meditación, adivinación...). En cambio, las protecciones o guardas de larga duración son continuas y están siempre activas. Si tenemos nuestro espacio bien guardado, a veces no es necesario usar una protección adicional para hacer pequeñas cosas, como, por ejemplo, un par de preguntas al péndulo. ¡Depende mucho de cada persona y de su práctica específica!

○ **Cristales:** poner cristales cuya finalidad es la protección cerca de nuestro espacio de trabajo ayuda a protegerlo. Además, podemos colocar también minerales protectores y transmutadores de energía en las entradas a nuestro espacio.

○ **Plantas:** tener plantas protectoras cerca de la puerta, en la entrada de la casa o en las repisas de las ventanas es una genial manera de proteger y guardar nuestro hogar. Añade cuarzos en la tierra y decora la maceta como sigilos protectores. Estas plantas, muy probablemente, terminen absorbiendo las energías no deseadas en vez de dejarlas entrar al hogar. Cuando esto sucede, y sin otro motivo aparente, la planta presenta un aspecto raro y empieza a morirse. Las plantas que suelo usar de guardas son aquellas que, si algún día les pasa algo, no me apenaría demasiado, o

que son suficientemente robustas como para aguantar una mala temporada sin morir. Evidentemente, con la purificación y recarga energética necesarias, la mayoría de las plantas se recuperan. Para un «extra de protección», podéis hacer abono casero triturando sobras de la cocina que coincidan con nuestra intención mezcladas con un vaso o dos de agua.

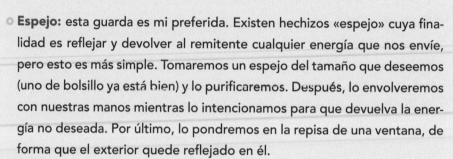

MI PREPARADO PREFERIDO INCLUYE CÁSCARAS DE PLÁTANO, CÁSCARAS DE HUEVO Y PIELES DE AJO. LUEGO ENTIERRO UN POQUITO EN MIS MACETAS Y... ¡YA ESTÁ!

- **Espejo:** esta guarda es mi preferida. Existen hechizos «espejo» cuya finalidad es reflejar y devolver al remitente cualquier energía que nos envíe, pero esto es más simple. Tomaremos un espejo del tamaño que deseemos (uno de bolsillo ya está bien) y lo purificaremos. Después, lo envolveremos con nuestras manos mientras lo intencionamos para que devuelva la energía no deseada. Por último, lo pondremos en la repisa de una ventana, de forma que el exterior quede reflejado en él.

- **Burbuja:** crear una burbuja protectora con nuestra propia energía no requiere de materiales. Empezaremos haciendo una bola energética y, mientras la generamos, le daremos una orden clara con nuestra intención (en este caso, protección). Luego visualizaremos cómo crece entre nuestras manos y se extiende a nuestro alrededor.

- **Círculo de sal:** esta protección es de las más clásicas y usadas para protegerse durante hechizos y rituales. Con la mano izquierda, tomaremos un puñadito de sal y dibujaremos un círculo con esta. Hay personas que hacen una línea continua dejando escapar un poquito de sal de la mano cerrada, y otras ponen la sal sobre el altar y la separan desde el centro, «moldeando» un círculo. Haced el círculo en el sentido de las agujas del reloj para invocar la protección. ¡No hace falta que el círculo de sal os rodee! Dibujad un círculo pequeño en vuestro espacio de trabajo y visualizad cómo os envuelve y protege el espacio.

Círculo de elementos: es la protección que más suelo usar en mis hechizos. Primero, localizaremos los puntos cardinales (norte, sur, este y oeste). Los podemos marcar si lo consideramos conveniente, y en cada uno de ellos representaremos los cuatro elementos. Al norte, la tierra; al este, el aire; al sur, el fuego, y al oeste, el agua. Podemos usar tierra o sal para la tierra, incienso o campanas para el aire, una vela para el fuego y un vaso de agua para el agua. También se pueden representar con canciones, sonidos, símbolos... Mientras los representamos (en el sentido de las agujas del reloj), los iremos invocando de uno en uno. Acompañad el proceso con una pequeña frase si así lo consideráis: «Tierra, te invoco para que me ayudes y protejas en este ritual». Al terminar nuestro ritual, desinvocaremos los elementos en el sentido contrario a las agujas del reloj, empezando por el último que invocamos. Mi frase favorita para acompañar la desinvocación es la siguiente: «Agua, tu presencia y ayuda ya no es requerida, aunque siempre es bienvenida». Podéis deshaceros de los objetos usados para la representación de cada elemento, pero yo siempre los guardo para la próxima vez que haga un círculo elemental.

RENOVAD Y RECARGAD VUESTRAS
PROTECCIONES Y GUARDAS CUANDO
LO CONSIDERÉIS NECESARIO.

LAS ENERGÍAS
DEL HOGAR

Dentro de nuestra casa o nuestro espacio nos sentimos de una forma determinada. Hay varias energías y representaciones de estas. Encontramos rincones que, de manera inconsciente, hemos organizado por elementos: un cesto lleno de vegetales en un rincón de la cocina, otro rincón dedicado al horno y los fogones, en la entrada un pequeño arbolito sobre una alfombra de cáñamo…

EL HOGAR ES UN ESPACIO COMPUESTO POR INFINIDAD DE ENERGÍAS DIFERENTES: COLORES, FORMAS, MATERIALES, MOBILIARIO Y DECORACIÓN QUE SE COMBINAN CREANDO UNA CONFIGURACIÓN ESPECÍFICA.

Hay muchas personas que, en la actualidad, se dedican a crear espacios armoniosos, pero esto no es nada nuevo. Es probable que hayáis escuchado hablar del fengshui en algún momento. Los orígenes de este sistema tradicional chino se remontan a hace miles de años, y su finalidad es armonizar a las personas con el espacio que habitan, ocupándolo de forma consciente y armoniosa. Incluye parámetros astrológicos, arquitectónicos, topográficos…

Personalmente, no practico el fengshui en mis espacios, pero me fascina la capacidad que tiene de transformar un hogar y el flujo de la energía en este.

Lo que sí hago es «ocupar un espacio de forma consciente». La primera vez que me planteé esto fue en esa época donde todas estábamos encerradas en casa. Tuve que convivir con las paredes de mi habitación. Había pasado a ser un espacio de estudio, ocio, magia, descanso y ensayo. Al pasar tanto tiempo en ella empecé a notar cosas que, simplemente, no pertenecían a mi espacio. Un armario, un marco de fotos, un mural… Observaba, reflexionaba un poco, lo cambiaba y volvía a observar. Un pequeño objeto era capaz de modificar la sensación de la habitación entera. Mi espacio ha pasado por tantos cambios como yo en mi vida. ¡Es un ejercicio que os recomiendo muchísimo para modificar vuestro espacio!

- **Sentaos en el medio de una habitación;** cambiad de punto de vista, moveos hasta la puerta y observad. ¿Qué no «se siente bien»? Puede ser cualquier cosa: un libro, un jarrón, un cuadro o una silla.
- **Moved el objeto que «estaba mal».** Cambiadlo de lado en el mueble, dadle la vuelta, ponedlo al otro lado de la habitación… Lo que consideréis correcto.
- **Volved a pasearos por la estancia como al principio.** ¿Ahora está mejor? Si no, volved a cambiarlo de sitio y repetid el proceso. También cabe la posibilidad de que la solución sea deshacernos del objeto.

A la hora de decorar una estancia, siempre tengo muy en cuenta el ambiente que quiero generar. En mi habitación tengo objetos brujiles y mantengo una estética recargada y misteriosa. Tener mi atmósfera mágica me ayuda más de lo que parece a la hora de hacer rituales y hechizos. Es un «empujoncito» para encarnar a la bruja que llevo dentro. Lámparas de sal, adornos colgantes, plantas en las paredes, antigüedades y mil botes con cosas… Es como una especie de museo donde el hilo conductor es mi práctica. ¿Qué hace más mágico vuestro espacio?

LOS ELEMENTOS

En el hogar encontramos los cuatro elementos, y con ello sus energías, cualidades y propiedades. Dependiendo de nuestros objetivos y la finalidad que queramos otorgar a nuestros espacios, podemos diseñarlos de una manera determinada.

·– EL FUEGO –·

Es el elemento de la pasión, la energía, la fuerza, el poder… Brinda coraje, fuerza de voluntad y entusiasmo, pero también puede atraer enfado, odio y celos. Encontramos el fuego en velas, fogones, hornos, lámparas encendidas, tonalidades rojas y anaranjadas, y en aquellas plantas que tengan a este elemento como correspondencia.

Fuego   **Tierra**

Aire   Agua

·– EL AIRE –·

Es el elemento de la mente, la lógica, la consciencia superior… Brinda optimismo, inteligencia y practicidad, pero puede atraer impulsividad y frivolidad. Encontramos este elemento en incienso, decoración metálica, cuchillos, campanas, tonalidades grises, blancas y azules poco saturadas, y en aquellas plantas cuya correspondencia sea el aire.

·– LA TIERRA –·

Es el elemento de la estabilidad, la fertilidad, la sanación… Brinda paciencia, concentración y verdad, pero también puede atraer aburrimiento y pereza. Encontramos la tierra en muebles de roble, tarros de sal, macetas, tonalidades marrones y ocres, y en aquellas plantas que tengan a este elemento como correspondencia.

·– EL AGUA –·

Es el elemento de los sentimientos profundos, la intuición, el amor, las habilidades psíquicas… Brinda flexibilidad, amor y compasión, pero puede atraer inestabilidad, mal humor e indiferencia. Encontramos este elemento en vasos y copas, peceras, jarrones de agua, caracolas marinas, tonalidades azules, turquesa y violetas, y en aquellas plantas cuya correspondencia sea el agua.

CAPÍTULO 2

MAGIA DE CAJÓN

Podemos recurrir a la magia en un gran número de ocasiones. «Magia de cajón» es como me gusta llamar a aquella magia que siempre es útil, accesible y nos puede sacar de un aprieto. Puede ser tan complicada o simple como queramos, y es un básico en la práctica diaria de muchas brujas. Sacar una carta de la baraja para empezar el día, ver qué nos deparará la siguiente semana en el té del domingo, ambientar el hogar a la vez que lo purificamos... Son pequeñas cosas que convierten en mágico todo lo cotidiano.

ADIVINACIÓN

·– PÉNDULO –·

El péndulo es una de las herramientas mágicas a las que más recurro. ¿Necesito una respuesta rápida? Péndulo. ¿No puedo decidirme entre dos hierbas? Péndulo. ¿He perdido algo y quiero encontrarlo? Péndulo. Es superpráctico y muy fácil de empezar a usar; además, podemos llevarlo en el bolsillo o convertirlo en nuestro colgante.

¡ES EL ARTILUGIO PERFECTO! PODEMOS UTILIZARLO PARA COMUNICARNOS CON ENTIDADES, COMO NUESTRAS PERSONAS ANTEPASADAS, O EMPLEARLO PARA TRABAJOS DE ADIVINACIÓN.

Para hacer nuestro propio péndulo necesitaremos:

- Un peso (puede ser un colgante, un mineral, un anillo…).
- Un hilo o cadena.

En primer lugar purificaremos nuestro material. Si para el peso vamos a usar un elemento que no tiene por dónde pasar el hilo o enganchar la cadena, deberemos crear este enganche. En el caso de un mineral, por ejemplo, lo envolveremos con cuerda o alambre, moldeando una parte para que haga de argolla. Fijémonos en que nuestro peso no sea muy irregular y que tenga un centro claro. Si presenta una forma irregular y asimétrica, el péndulo quedará desequilibrado.

DESPUÉS, SIMPLEMENTE TENDREMOS QUE ENGANCHAR O ANUDAR EL HILO O LA CADENA. PODEMOS AÑADIR UN COLGANTE AL OTRO EXTREMO PARA QUE SEA MÁS FÁCIL AGARRARLO.

Una vez que tengamos nuestro péndulo (hecho por nosotras mismas o comprado en una tienda esotérica), deberemos cargarlo. Para ello hay diversas opciones. Dos de mis preferidas son exponerlo a la

luz de la luna llena durante toda una noche (recogiéndolo antes de que salga el sol) y enterrar el péndulo durante un ciclo lunar completo.

Cada péndulo da sus propias respuestas. Antes de empezar a trabajar con él, pedid que os dé un «sí», después un «no» y, por último, un «no sé». Los tres movimientos serán distintos. Mi péndulo afirma en el sentido de las agujas del reloj, niega en el sentido contrario y duda moviéndose de lado a lado. Si necesitáis respuestas un poco más concretas, usad una tabla con el alfabeto. ¡Recordad sujetar el péndulo firmemente!

LAS TABLAS ALFABÉTICAS TIENEN MUY MALA FAMA, PERO SI SE UTILIZAN DE LA FORMA CORRECTA, TRABAJANDO DESDE EL RESPETO Y CON LAS PROTECCIONES ADECUADAS, NO SUPONEN NINGÚN PELIGRO.

·– HUESOS –·

La osteomancia es un método adivinatorio y de comunicación empleado en una gran variedad de prácticas mágicas y tradiciones. Como tantas otras herramientas de adivinación, no hay una única forma correcta de usar e interpretar huesos. De hecho, hasta los huesos con los que se adivina varían dependiendo de la bruja.

SIEMPRE PODEMOS ADQUIRIR UN KIT DE OSTEOMANCIA, PERO OS RECOMIENDO QUE HAGÁIS EL VUESTRO PROPIO.

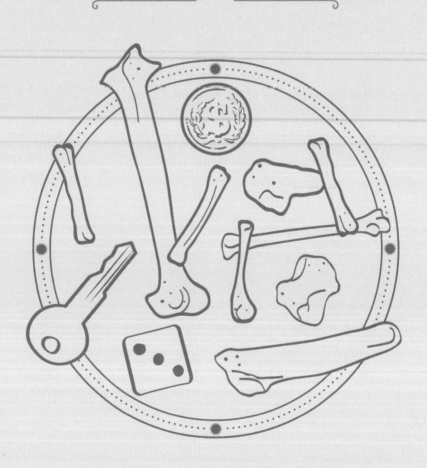

1. BUSCAD HUESOS

Si consumís carne, podéis quitar los huesos de algún animal antes de cocinarlo y posteriormente limpiarlos bien. En algunas zonas de bosques y espacios naturales también encontraréis huesos de animales. Recordad que, pese a estar muertos, siguen formando parte del ecosistema, y todos los elementos de los animales en descomposición son aprovechados por otros seres de la zona. Así que llevaos alguna pieza, pero no todos los huesos que encontréis en el camino. ¡Limpiad, purificad, y cargadlos bien al volver a casa! Blanqueadlos también si queréis.

¿Tienen que ser huesos y únicamente huesos? ¡No! Vuestro saquito adivinatorio de huesos puede incluir ramitas, objetos, abalorios, caracolas, llaves, monedas, clavos, cuerdas, dados, piedras, botones… La lista es infinita. Si no os sentís cómodas usando huesos de animales (o queréis añadir algo más), ¡adaptad los objetos a vuestra persona!

Ya sean huesos u objetos, id recopilándolos con el tiempo. Apuntad en una libreta cuándo encontrasteis cada uno, y también qué os transmite.

CUANDO ME LLEVO ALGO DE UN ESPACIO NATURAL, INTENTO DAR SIEMPRE ALGO A CAMBIO. PUEDE SER UN SIMPLE AGRADECIMIENTO, O TAMBIÉN UN GESTO COMO RECOGER PLÁSTICOS Y PAPELES QUE ENCUENTRE EN EL CAMINO.

2. PENSAD EN CÓMO VAIS A ADIVINAR CON VUESTROS HUESOS

¡Complicad o simplificad el ejercicio adivinatorio tanto como queráis! Al empezar a adivinar con huesos, yo interpretaba de forma que si los huesos se cruzaban al lanzarlos sobre el mantel era una respuesta positiva, si se tocaban sin cruzarse era una respuesta positiva «menos intensa» y si quedaban dispuestos sin tocarse la respuesta era negativa.

Poco a poco fui añadiendo elementos a mi bolsa de huesos, y también al lugar donde los lanzaba.

PASÉ A DIVIDIR EL MANTEL EN CUATRO PARTES DIFERENTES: AMOR, TRABAJO, FAMILIA Y SALUD.

Dependiendo de qué objeto cayese, en qué forma y en qué zona del mantel, significaba una cosa u otra. Por ejemplo, si la moneda de mi bolsa caía en la zona del trabajo enseñando la parte de la cruz, significaba que iba a tener alguna complicación en temas laborales. Si además caía la llave apuntando hacia el norte, quería decir que iba a ser capaz de desbloquear y resolver esos problemas.

Todos esos significados se los di yo a mis huesos, porque me transmitían una energía determinada.

OTRA BRUJA PUEDE CONSIDERAR SU LLAVE LA ANUNCIADORA DE BLOQUEOS, INDEPENDIENTEMENTE DE LA ORIENTACIÓN EN LA QUE CAIGA.

3. ESTABLECED VUESTRAS NORMAS

Tomad vuestros huesos (y los apuntes sobre lo que os transmitían) y observadlos. Movedlos, cambiad el ángulo en el que los miráis… ¿Qué os dicen? ¿Cambia aquello que os transmiten dependiendo de su posición o su ángulo?

DIBUJAD EN VUESTRO CUADERNO LOS HUESOS Y OBJETOS EN LAS DIFERENTES POSICIONES Y ADJUDICAD PALABRAS CLAVE PARA CADA UNA DE LAS ILUSTRACIONES.

Puede ser lo primero que os venga a la cabeza: amor, ruptura, alegría, avance, viaje, hogar… ¡También podrían ser frases! Dejad espacio suficiente, por si un día decidís ampliar los significados. Algunos huesos y objetos tienen un significado preestablecido: los huesos simbolizan aquello que simboliza el animal del que proceden. Dependiendo de la zona del cuerpo a la que perteneciese el hueso, también simboliza su función: estabilidad, protección, ataque… Personalmente, me gusta incluir esta información en los significados (porque cada hueso y objeto es portador de una energía y simbología concreta), pero podéis interpretarlos únicamente con vuestras propias normas.

4. BUSCAD O CREAD EL MANTEL

Hay personas que tienen varios manteles y otras que deciden tirar sus huesos directamente encima de una mesa. Un mantel o paño siempre ayuda a que nuestros objetos no se deterioren, y puede ser una herramienta más a la hora de interpretar la tirada.

Pensad para qué servirá el mantel. Si necesitamos que nos ayude en las tiradas, tendremos que idear algún diseño. ¿Lo dividiremos por aspectos de nuestra vida? ¿Tal vez incluiremos los cuatro elementos o los puntos cardinales? Dibujad vuestra idea y cambiadla tanto como queráis hasta que sintáis que es la correcta. En una tela de cualquier medida (recomiendo que sea como mínimo de 30 × 30 cm) plasmad vuestro diseño. Pintad, bordad, repasad con rotulador… ¡Podéis añadir decoraciones, como cuentas de colores o borlas en los bordes!

5. PRACTICAD

Estableceréis una conexión con vuestros huesos, así como las relaciones entre ellos y sus significados. Lanzad los huesos preguntando sobre distintos aspectos de los que ya sepáis la respuesta. Por ejemplo: «¿Me llamo x?», «¿Vivo en x ciudad?», «¿Tengo un trabajo estable?»… Así veréis la forma que tienen vuestros huesos de dar respuestas. Pensad en vuestra pregunta con los huesos entre las manos, y luego lanzadlos sobre el mantel. ¡Haced fotos para tener registro de las posiciones exactas de los objetos! Apuntad todas las tiradas que hagáis y el significado de ellas.

Y, SOBRE TODO, ESCUCHAD MUCHO MUCHO A VUESTRA INTUICIÓN.

ELIXIR PARA HUESOS

Dificultad:	I
Tiempo:	II

Necesitaremos:

- 3 cucharaditas de anís (protección, adivinación, sueños).
- 3 cucharaditas de artemisa (purificación, adivinación, proyección).
- 12 granos de pimienta negra (protección, purificación, claridad).
- 1 ramita de canela (espiritualidad, protección).
- 1 ramita de romero (purificación, protección, memoria).
- 120 ml de alcohol etílico de 96°.
- 100 ml de agua destilada.
- 1 bote hermético (preferiblemente de cristal).

Cada bruja tiene sus métodos, y cómo prepara sus huesos y herramientas para adivinar es algo de lo más personal. Aquí os dejo una receta para cargarlos de intención.

Primeramente purificaremos nuestro bote y añadiremos los líquidos. Después, incorporaremos el resto de los ingredientes uno a uno, mientras reflexionamos sobre sus cualidades. Por último, cerraremos el bote. Podéis acompañar este pequeño ritual con una frase o texto que deje clara vuestra intención, y hacerlo en luna llena para un mejor resultado.

Dejaremos reposar el líquido durante nueve noches, agitándolo un poco de vez en cuando para que se sigan mezclando los ingredientes. Pasadas las nueve noches, ya estará listo para usar.

Si lo preferís, podéis colar el líquido para separarlo de las hierbecitas y usarlo con mayor comodidad. En ese caso, deshaceos de las hierbas y guardad el líquido en otro bote purificado.

Purificad vuestros huesos con un paño humedecido en el líquido, o dibujad con él sigilos y runas para facilitar la adivinación.

·– TASEOMANCIA –·

El arte de leer las hojas del té es complejo, y dominarlo puede llevar años de práctica. Aun así, es muy accesible, dado que solo necesitamos dos elementos: una taza y té. Es preferible que la taza no tenga ningún diseño elaborado en su interior, para evitar confusiones y poder interpretar de forma clara.

En primer lugar, se prepara té sin bolsa ni colador. Al servirlo caerán algunas hojas en la taza. Si se deja reposar, las hojas se depositarán en el fondo y así se podrá beber el té sin dificultad.

DEJAD UNAS GOTAS DE TÉ, ADEMÁS DE LAS HOJAS, EN EL INTERIOR DE LA TAZA.

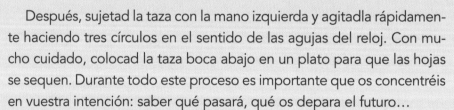

Después, sujetad la taza con la mano izquierda y agitadla rápidamente haciendo tres círculos en el sentido de las agujas del reloj. Con mucho cuidado, colocad la taza boca abajo en un plato para que las hojas se sequen. Durante todo este proceso es importante que os concentréis en vuestra intención: saber qué pasará, qué os depara el futuro…

Dadle la vuelta a la taza y sujetadla firmemente entre las manos. Aseguraos de que las hojas hayan tenido tiempo de expulsar la hume-

dad antes de voltear la taza para leerla. Si no, se moverán y la interpretación será muy difícil.

PODÉIS MOVER LA TAZA PARA VERLA DESDE DIFERENTES ÁNGULOS, PERO TENED CUIDADO Y EVITAD MOVIMIENTOS BRUSCOS PARA NO MODIFICAR LA FORMA DE LAS HOJAS.

Las hojas situadas al fondo de la taza son referentes al futuro lejano. Si están en las paredes, se refieren a un futuro más próximo. Cuando están al borde de la taza estas hojas hacen alusión al futuro inmediato. El asa de la taza representa a la persona consultante y que bebe el té. Cerca del asa encontraremos asuntos referentes al círculo cercano, viajes lejos del hogar, asuntos de la casa, mensajes...

Podemos ver que las hojas están dispuestas de manera que conformen diversos grupos, figuras y escenas. A primera vista pueden parecer un montón de manchas sin significado alguno, pero esta es la razón por la que se dice que las hojas no deben leerse con prisa. Respirad profundo y mirad. ¿Qué veis? Podéis encontrar líneas, cruces, serpientes, letras, frutas, pájaros, armas...

GUIAOS POR VUESTRA INTUICIÓN A LA HORA DE CONSTRUIR LA HISTORIA QUE UNE LOS ELEMENTOS. ¡ES CUESTIÓN DE PRÁCTICA!

Los significados de las diferentes figuras son resultado del conocimiento empírico de diversas practicantes, que ha pasado de una generación a otra creando una tradición. Los significados del siguiente listado (y muchos muchos más) fueron recopilados en *Tea-cup Reading and Fortune-Telling by Tea Leaves*, un texto sobre taseomancia datado de 1881 y firmado por «Una vidente de las Tierras Altas» (*A Highland Seer*).

SIGNIFICADO DE LAS FIGURAS

- **Anillo:** matrimonio; si se encuentra una letra cerca, esta será la inicial de la pareja. Cuando hay nubes próximas al anillo, el matrimonio será infeliz; pero, si está despejado, el matrimonio va a tener felicidad. Un anillo justo al fondo de la taza indica que el matrimonio no se celebrará.

- **Araña:** dinero que llega al bolsillo de la persona consultante.

- **Barco:** un viaje exitoso.

- **Búho:** mal augurio, enfermedad, pobreza, desgracia, decepciones con la persona enamorada, advertencia de no tomar riesgos ni empezar nuevos proyectos.

- **Caballo:** plenitud y satisfacción de los deseos gracias a un camino próspero.

- **Cabra:** enemigos, mala fortuna para los navegantes.

- **Casa:** éxito en los negocios.

- **Cisne:** buena suerte, matrimonio feliz.

- **Coche:** riquezas próximas, visitas de amistades.

- **Corazón:** placer; si está rodeado por puntos, será gracias al dinero; y, si tiene un anillo cerca, será debido a un matrimonio (o compromiso).

- **Corona:** éxito y honor.

- **Corona y cruz:** buena fortuna a causa de una muerte.

- **Cruz:** signo de problemas, retrasos e incluso muerte.

- **Cuadrado:** paz, comodidad.

- **Cuchillo:** advertencia de desastre a causa de peleas, desacuerdos y enemistades.

- **Cuerpos celestes (estrellas, Sol, Luna...):** felicidad, éxito.

- **Cuervo:** muerte para las personas ancianas, decepción amorosa, divorcio, fracaso en el negocio, problemas en general.

- **Elefante:** buena salud.

- **Escalera:** viajes.

- **Figuras humanas:** deben ser juzgadas dependiendo de qué estén haciendo. Por lo general, son positivas e indican amor y matrimonio.

- **Ganso:** felicidad, éxito en la empresa o los negocios.

- **Gallo:** mucha prosperidad.

- **Gato:** dificultades ocasionadas por la traición.

- **Gusano:** enemigos secretos.

- **Halcón:** enemigo persistente.

- **Líneas ondulantes largas:** denotan pérdidas y vejaciones.

- **Línea recta:** un viaje placentero.

- **Líneas rectas:** paz, felicidad, larga vida.

- **Llave:** dinero, comercio, una buena pareja.

- **Luna creciente:** prosperidad y fortuna.

- **Mano:** hace falta leerla con los signos que la rodean, teniendo en cuenta si apunta a algún lado.

- **Manzana:** larga vida, riqueza por el comercio.

- **Mariposa:** éxito y placer.

- **Martillo:** triunfo frente la adversidad.

- **Mono:** decepción amorosa.

- **Montaña:** amistades poderosas; si hay muchas montañas, indica enemigos igual de poderosos.

- **Nubes:** problemas serios; si están rodeadas por puntos, indica éxito financiero.

- **Oveja:** éxito, prosperidad.

- **Paloma:** suerte, progreso en la prosperidad, afecto; si vuela, esto indica noticias importantes.

- **Paraguas:** molestias y problemas.

- **Pato:** ganancias monetarias gracias a negocios e intercambios.

- **Perro:** en la parte superior de la taza, amigos leales; en el medio de la taza, amigos en los que no se puede confiar; en el fondo de esta, enemigos encubiertos.

- **Pez:** buenas noticias de un lugar lejano; si está rodeado por puntos, significa emigración.

- **Pino:** felicidad continua.

- **Pistola:** discordia y difamación.

- **Rana:** éxito en el amor y el comercio.

- **Reloj de arena:** peligro inminente.

- **Rosa:** fortuna, felicidad.

- **Seta:** separación repentina de dos enamorados después de una disputa.

- **Sombrero:** éxito en la vida.

- **Tijeras:** disputas, enfermedad, separación amorosa.

- **Trébol:** mucha suerte, felicidad y prosperidad.

- **Vaca:** prosperidad.

- **Zorro:** traición por parte de un amigo en quien confiábamos.

No olvidéis apuntar los significados de vuestras interpretaciones. ¡Son muy útiles!

·– RUNAS –·

Las runas son un método de adivinación muy usado en diversas prácticas mágicas y sistemas de creencias. Los alfabetos rúnicos tienen dataciones distintas, y muchos son una evolución o mezcla de otros. En numerosos poemas, historias y relatos mitológicos se atribuye a las runas un poder místico y mágico. Se sabe bastante poco de las runas (sobre todo acerca de las más antiguas), pero, gracias a estudios sobre poemas rúnicos y referencias a ellas en otros idiomas, se ha podido reconstruir su significado.

EL ALFABETO RÚNICO QUE MÁS USO DENTRO DE MI PRÁCTICA ES EL FUTHARK ANTIGUO, TANTO PARA ADIVINAR COMO PARA INVOCAR SUS ENERGÍAS EN OTROS MOMENTOS (EN HECHIZOS, RITUALES...).

El alfabeto protonórdico consiste en veinticuatro runas, y la inscripción más antigua de este al completo se encuentra en la piedra Kylver (siglo v d. C.). A partir del futhark antiguo se derivan y nacen muchos otros sistemas alfabéticos, como el de las runas macromanas (una mezcla de futhark antiguo y futhorc anglosajón).

RUNAS DEL FUTHARK AN

FEHU
Ganado vacuno.
Representa
abundancia
y posesiones
materiales.

URUZ
Uro. Representa
fuerza, coraje
e independencia.

ÞURISAZ
Thunraz (Thor).
Representa
motivación,
defensa, conflictos
y cambios.

ANSUZ
Dios, deidad.
Representa
comunicación,
entendimiento
y verdad.

HAGALAZ
Granizo. Representa
retos, ira y fuerza
de la naturaleza.

NAUDIZ
Necesidad, angustia.
Representa
restricción, fuerza de
voluntad y conflictos.

ĪSAZ
Hielo. Representa
claridad, retos
e introspección.

JĒRA
(Buen) año, cosecha.
Representa ciclos
y su compleción,
cambios.

TĪWAZ
Týr. Representa
justicia, liderazgo
y lógica.

BERKANAN
Abedul. Representa
fertilidad, sanación
y regeneración.

EHWAZ
Caballo. Representa
confianza,
movimiento
y progreso.

MANNAZ
Hombre.
Representa
cooperación,
amistad y sociedad.

UO (Y SUS SIGNIFICADOS)

RAIDŌ

Cabalgar, camino, viaje. Representa viajes, un nuevo ritmo, destino y espontaneidad.

KENAZ

(o Kaunan): antorcha (o llaga, úlcera). Representa creatividad, conocimientos, inspiración y vitalidad.

GEBŌ

Regalo. Representa relaciones, alianzas, generosidad y colaboración.

WUNJŌ

Júbilo. Representa armonía, prosperidad y recompensas.

ĪWAZ

Tejo negro. Representa aclaración e iluminación, balance y muerte (o finales).

PERÞ

Peral. Representa destino, oportunidades y misterio.

ALGIZ

Alce, defensa. Representa protección, instinto y defensa.

SŌWILŌ

Sol. Representa salud, honor y purificación.

LAGUZ

(o laukaz): agua, lago (o puerro). Representa corriente, emociones, intuición y renovación.

INGWAZ

Yngvi. Representa metas, crecimiento y cambio.

ŌÞILA

Herencia. Representa legado, antepasados y bienes materiales.

DAGAZ

Día. Representa certeza, iluminación y despertar.

Además de los usos que pueden tener, cargando de intención nuestros rituales, hechizos y encantamientos, las podemos usar para adivinar. O podéis hacer vuestro propio set de runas usando piedrecitas, conchas, ramitas… ¡Las posibilidades son muchas!

HAY DIVERSAS FORMAS DE ADIVINAR CON RUNAS. LA PRIMERA, Y LA MÁS SIMPLE, ES CONCENTRARNOS EN UNA PREGUNTA Y SACAR UNA RUNA DE LA BOLSA.

Los significados pueden no parecer relacionados con la pregunta que hemos formulado. Por eso, no debemos fijarnos simplemente en el significado de la o de las runas, sino vincularlas con la cuestión. ¿Nos habla de que algo sobra en nuestra vida? ¿Algún aspecto que deberíamos potenciar según la pregunta que hemos hecho?

Cuando hagamos tiradas de múltiples runas, además tendremos que tejer la historia que las relaciona. No ignoréis esas palabras que «salen solas» o esos pensamientos fugaces cuando interpretéis significados. Os recomiendo que tengáis un diario con vuestras tiradas y las interpretaciones que habéis hecho. Así veréis si se han cumplido las predicciones, si los consejos han sido útiles o si ignorasteis la interpretación correcta.

EN MUCHOS MÉTODOS ADIVINATORIOS HAY TIRADAS POPULARES, PERO TAMBIÉN PODÉIS DISEÑAR TIRADAS PROPIAS. TENED EN CUENTA QUE DEBEN TENER UN SENTIDO Y UNA ESTRUCTURA DEFINIDA.

PARA CONOCER UNA SITUACIÓN

1 Pasado. Tal vez algo que aún no sepamos.

2 Presente. Quizá se refiera a una recomendación o una información que se mantenga oculta.

3 Futuro. Puede ser una posible solución o la resolución del problema.

PARA SOLUCIONAR UN PROBLEMA

1 y 2 El problema o temas relacionados con este.

3 y 4 El pasado, cosas que han dado lugar al problema.

5 y 6 Advertencias y consejos (para solucionar o aliviar la situación).

7 Resultado si se tienen en cuenta los consejos de las runas.

PARA OBTENER UN GUIAJE

1 Situación actual.

2 Obstáculos o problemas, dificultades que hay que afrontar.

3 Consejos, guiaje para que la jornada sea más llevadera.

LA CRUZ DE RUNAS

1 Pasado, situaciones pasadas.

2 Presente, situación actual.

3 Futuro.

4 Influencias sobre la cuestión, fuerzas externas.

5 Influencias que darán un resultado positivo.

6 Resultado más probable.

·– OLEOMANCIA –·

Esta forma de adivinación ha sido empleada desde hace milenios y, en la actualidad, aún hay brujas que recurren a ella para obtener respuestas. La oleomancia es practicada, sobre todo, por brujas tradicionales en contacto con las tradiciones y el folclore de los países cercanos al Mediterráneo.

PARA REALIZARLA NECESITAMOS MATERIALES QUE, SEGURAMENTE, YA TENGAMOS POR CASA: UN BOL (PREFERIBLEMENTE TRANSPARENTE) LLENO DE AGUA A TEMPERATURA AMBIENTE, ACEITE DE OLIVA Y SAL.

Primero, intencionaremos el aceite para aquello que queramos obtener: una previsión general del futuro, una respuesta a una pregunta concreta… Después, pondremos un chorrito de aceite en el agua. Prestad mucha atención a las formas que va tomando y en cómo se mueve.

ADIVINACIÓN CON ACEITE

1 Si el aceite forma una sola gota, el resultado es positivo (o la respuesta es afirmativa).

1

2 Si el aceite forma una luna creciente/menguante, una estrella o se dispone como una constelación, significa gran fortuna en todos los ámbitos de la vida. Se acerca un momento de verdadera satisfacción con los proyectos empezados, un enorme aprendizaje, grandes amistades y felicidad.

2

3 Si el aceite forma un anillo y este no se rompe, significa que, en temas referentes a los estudios o al trabajo, habrá éxito. Si una persona cercana a la persona consultante está enferma, entonces sanará.

3

4 Si el aceite forma un anillo, pero se rompe pasados unos segundos, quiere decir que se producirá un cambio brusco en la carrera profesional, e incluso la pérdida de una amistad importante o pareja.

4

5 Cuando de una gota de aceite empiezan a surgir pequeñas gotas, habrá un embarazo o sanación para aquella persona que esté enferma.

5

6 Si el aceite se divide en dos secciones es mal augurio (o una respuesta negativa). Es muy posible que se avecine una discusión entre personas cercanas (o contigo misma).

6

7 Finalmente, si el aceite se reparte por la superficie del agua, formando una capa fina y uniforme, indica muy mal porvenir. Es signo para que renovemos todos nuestros hechizos de protección y nos preparemos para lo que vendrá.

7

Cuando, primero, el aceite toma una forma de las anteriores, y luego otra diferente, puede ser interpretado como una evolución de la situación. También podría significar que el primer resultado no será aquello definitivo, sino algo más bien fugaz. ¡Para decidirlo os tendréis que fiar de vuestra intuición!

SI EL RESULTADO DE LA PRIMERA LECTURA DEL ACEITE HA SIDO NEGATIVO, Y NO HA HABIDO NINGÚN CAMBIO CONSIDERABLE EN EL ACEITE MIENTRAS LO OBSERVAMOS, PODEMOS SEGUIR LEYENDO. AÑADIREMOS SAL Y ESPERAREMOS UNOS MOMENTOS.

En el caso de que la sal no afecte casi a la forma original «negativa», es muy muy probable que ese sea el resultado definitivo. Aun así, con un poco de magia se podría intentar redirigir la situación o hacerla más liviana para aquellas personas implicadas. Pero, si con la caída de la sal se modifica la forma a una de las positivas, el problema tiene solución o incluso puede ser prevenido. Además, si la sal hace que el color del aceite cambie a un tono más blanquecino, esto representa un mal augurio.

¿CUÁNTA SAL PONEMOS?

- Dos pizcas para lecturas sobre asuntos del corazón.
- Tres pizcas para lecturas sobre estudios o trabajo.
- Cuatro pizcas para lecturas sobre la familia, el hogar o la fertilidad.
- Para otro tipo de lecturas, poned solo una pizca.

– CARTOMANCIA –

La cartomancia es el uso de las cartas como herramienta adivinatoria. Dentro de este gran grupo entra la interpretación de diferentes barajas de tarot (de Rider-Waite, de Marsella...), los oráculos y todas las demás cartas que sean empleadas en la práctica mágica.

SÍ, LAS BARAJAS «NO MÁGICAS» PUEDEN SER USADAS DE FORMA BRUJIL. ¡YO APRENDÍ A LEER LAS CARTAS CON UNA BARAJA ESPAÑOLA!

Hay tiradas populares y muy conocidas, pero podéis diseñar vuestra propia tirada (como con las runas). Recomiendo empezar por lecturas de una sola carta, para ir practicando y familiarizándonos con su simbología. Poco a poco podemos ir haciendo lecturas más complejas. Las lecturas cuya estructura cuenta con tres cartas son muy adecuadas para relacionar significados. Pueden ser de «pasado, presente, futuro» o de «problema, solución, advertencia», etc. Las posibilidades son infinitas.

CRUZ CELTA

1 Situación actual de quien consulta.

2 Aquello que se cruza en su camino, obstáculos.

3 Situación mental de quien consulta.

4 Origen del problema, pasado.

5 Pasado reciente, marcado por el origen del problema.

6 Futuro próximo.

7 Reacción o actitud interna ante los problemas.

8 Fuerzas externas, ayudas del entorno.

9 Deseos y esperanzas.

10 Síntesis, resultado.

PREDICCIÓN PARA EL PRÓXIMO CICLO LUNAR

1 Luna nueva.

2 Luna creciente.

3 Cuarto creciente.

4 Gibosa creciente.

5 Luna llena.

6 Gibosa menguante.

7 Cuarto menguante.

8 Luna menguante.

PARA ENCONTRAR LA CALMA

1 Qué me persigue.

2 Cómo lo dejo atrás.

3 Qué me inquieta.

4 Cómo lo resuelvo.

5 Qué no me deja descansar.

6 Cómo alivio esos nervios.

7 Qué me da miedo.

8 Cómo lo afronto.

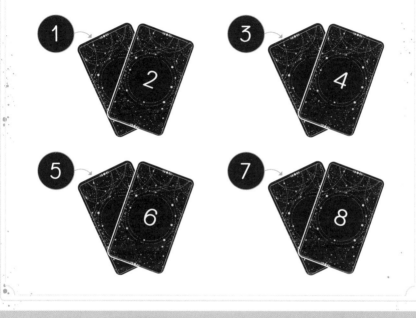

Cuando interpretamos cartas podemos guiarnos por los libros y manuales que especifican su significado. Cada oráculo, por ejemplo, tiene su propia manera de ser leído. Aun así, sobre todo en barajas cuya ilustración está llena de simbolismo, puede ser muy útil fijarnos en «qué explica la carta». Disponiendo de algunas nociones sobre la estructura de nuestra baraja, y de su simbolismo pictórico, ya podremos empezar a leer de forma intuitiva. Aunque pueda ser útil, ¡no es necesario memorizar todos los significados! Os voy a explicar un poquito de cómo interpreto las tiradas de mi tarot de Rider-Waite. Las ilustraciones de estas cartas, de la mano de Pamela Colman Smith, son capaces de explicar muchas historias.

EL AS

La primera carta de cada palo nos habla del inicio de algo. Por ejemplo, cuando sacamos el as de espadas del mazo, podemos interpretarlo como el nacimiento de un pensamiento (dado que pertenece al palo de las espadas). Esta «semilla» tal vez se transforme en una gran idea o esa gran idea llegue a materializarse. Para saberlo tendremos que seguir leyendo.

El as de copas nos habla del momento en el que surge un sentimiento o del inicio de una fuente de creatividad. También nos habla del potencial intuitivo y de la toma de consciencia sobre este. Fijaos bien: rápidamente el agua rebosa.

Ahora fijémonos en el as de oros (o pentáculos). ¿Qué veis en la carta? Al fondo vemos una especie de jardín bien cuidado y, más allá, unas montañas. El significado de los «inicios» del as, en conjunto con la correspondencia de este palo (economía, mundo material), nos puede hablar del inicio de una buena oportunidad laboral o de la adquisición de un bien material (por ejemplo, una casa). Las montañas del fondo nos recuerdan que el camino en el que nos embarcará esta oportunidad no será fácil, pero el resultado final puede ser grandioso. En las barajas con ilustraciones más tradicionales, los ases se suelen representar con cielos despejados, plantas… ¡Eso también nos puede ayudar mucho a la hora de entender qué nos quiere decir!

El as de bastos aparece cuando nuestra propia intuición nos llama a hacer algo. Es una nueva idea, pero no hay que confundirla con la que nos representa el as de espadas; la del as de bastos procede de un lugar de «inspiración». Es una llamada a hacer algo, sin saber explicar muy bien por qué. ¿Veis el río? ¡Exactamente! Esta carta tiene su parte de «agua» (sentimientos, intuición). También hay un castillo en la cima de una montaña. Por muy pasional y prometedora que sea la jornada, va a requerir de esfuerzo y trabajo.

EL DOS

El dos puede simbolizar balance o un equilibrio de fuerzas. Si combinamos este significado con el significado de cada palo de la baraja, podemos intuir qué nos cuentan las cartas. Es importante fijarnos muy bien en qué hay representado y de qué manera.

El dos de espadas muestra a una persona sentada, con los ojos tapados, sujetando ambas espadas, en un paisaje nocturno (pero no oscuro) entre la tierra y el mar. No está usando nada más que su mente, tal vez decidiendo entre las opciones que tiene o esperando a ver qué sucede.

En el dos de bastos vemos a una persona mirando a algún lugar lejano y sujetando únicamente uno de los bastos. En la otra mano tiene un globo terráqueo y va vestido con colores asociados con la pasión y la confianza. El hecho de mirar al horizonte puede simbolizar la planificación de un viaje, tal vez buscando nuevas oportunidades. ¿Y quién sujeta el otro basto? Este «vacío» deja lugar para alguien con quien cooperar: un socio de negocios, por ejemplo.

Ahora fijaos en la representación del dos de copas y del dos de oros. ¿Quién aparece en la carta? ¿Cómo van vestidos? ¿Qué está ocurriendo? Apuntad vuestras primeras impresiones: parece un juego, una unión, hay equilibrio o fluidez…

El significado de las cartas invertidas suele ser el contrario del que tienen al derecho. Hay tarotistas que no diferencian una carta invertida de una que no lo está, e interpretan como si todas estuviesen del derecho. Yo personalmente sí leo las cartas invertidas, y al barajar voy girando el mazo.

EL TRES

Este número tiene una enorme simbología en muchos sistemas de creencias. Representa, entre otras cosas, crecimiento. Ha sido la «semilla» que nos indicaba el número uno, ha pasado por la estabilidad del número dos, y ahora empieza a materializarse y a hacer algo en el mundo.

El tres que más asusta es el de espadas, porque su representación es bastante explícita: un corazón atravesado por tres espadas. Puede simbolizar una ruptura, infidelidades y un mal momento emocional. ¿Por qué nos encontramos sentimientos tan complejos de repente en este palo? Puede que esto sea el resultado de haber pensado demasiado sobre algo. Aun así, esta situación nos traerá lecciones y aprendizaje.

Ahora, fijémonos en el resto de los treses de la baraja. ¿Quiénes salen? ¿Adónde miran? ¿Qué está pasando? El tres de copas nos regala una escena de celebración y armonía, con tres personas que aparecen muy bien vestidas sujetando sus respectivas copas. Puede simbolizar festejos, bodas, compromisos o circunstancias favorables. El tres de bastos mira al horizonte de un cielo dorado, con un aire de inspiración y liderazgo. Esta carta se refiere a suerte y oportunidades. En el tres de oros vemos a tres personas, de diferentes cargos, trabajando en la construcción de un edificio.

ADEMÁS DE COLABORACIÓN, HABLA DE ADQUIRIR NUEVAS HABILIDADES, DE APRENDIZAJE, TRABAJO, POTENCIAL...

EL CUATRO

El número cuatro dentro del tarot establece un momento de pausa, descanso y estabilidad, pero dependiendo del palo esto puede dar lugar a estancamientos o aburrimiento.

En el cuatro de oros vemos que la persona representada está protegiendo las cuatro monedas que tiene, en una posición estática y defensiva. Esto sugiere ahorro y seguridad financiera al estar relacionada con el número cuatro. Además, puede hablar de control, avaricia y materialismo.

El cuatro de espadas es de mis cartas preferidas por su simbología. Hay personas (incluida yo en ciertas lecturas) que interpretan la ilustración como una sepultura, pero me gusta más verla como la vigilia del caballero. Antes de la investidura, el caballero descansaba en vigilia en la iglesia durante toda la noche, habiendo sido purificado de forma tanto física como espiritual. Ese momento de vigilia estaba reservado para el rezo y la reflexión, pidiendo perdón por los pecados, tomando conciencia de su nueva labor y reclamando ayuda celestial en la tarea caballeresca. El cuatro de espadas nos recuerda que es correcto y necesario apartarnos del mundo para purificarnos y descansar, y así darle la oportunidad a nuestra mente para que aguante aquello que está por venir. ¡Aunque la ilustración sea dramática, el significado es precioso!

En el cuatro de copas vemos a una persona que está aburrida con sus tres copas. Desde el cielo (o universo) le llega una cuarta; una nueva oportunidad de sentir en ese momento de contemplación.

El cuatro de bastos nos muestra una celebración de todo aquello que las cartas anteriores de este palo han acabado consiguiendo.

EL CINCO

V

Las cartas con este número son las dos caras de la misma moneda; situaciones de injusticia o inestabilidad que nos posicionan a las riendas del asunto o al revés, en la parte sumisa de la historia.

EL CINCO DE ESPADAS, POR EJEMPLO, HABLA DE UNA VICTORIA POR ORGULLO, GANANDO A CUALQUIER PRECIO.

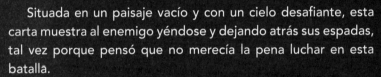

Situada en un paisaje vacío y con un cielo desafiante, esta carta muestra al enemigo yéndose y dejando atrás sus espadas, tal vez porque pensó que no merecía la pena luchar en esta batalla.

En el cinco de bastos se muestra una gran pelea, llena de desacuerdos y tensiones que seguramente tendrían solución si las personas implicadas no se tomasen la vida tan en serio.

Es en el cinco de copas donde aparece una persona en duelo por una desgracia, con tanta vergüenza y remordimiento que no es capaz de enseñar la cara. Pero… ¿cómo están sus copas? Todavía le quedan dos en pie, dándole la oportunidad de controlar sus emociones y otorgando esperanza para el futuro.

El significado del cinco de oros también queda bastante claro solo con mirar unos segundos su ilustración. Nos muestra una escena de pobreza y pérdidas, llena de inseguridad y preocupación. Sacar esta carta durante una tirada puede ser un verdadero mal augurio, y otras veces simboliza una pérdida de fe y esperanza. ¡Para aclarar su significado tendremos que seguir leyendo!

EL SEIS

Este número, en el tarot, refleja el viaje hacia la armonía. Para comenzar este camino hay que emprenderlo, irse... También nos recuerda vivir, disfrutar y aprender del presente mientras nos encontramos en el camino: no enfocarnos únicamente en el resultado. Al ser un número armonioso, siendo par y la suma de dos números tres, nos hace un spoiler del final del viaje. El resultado tendrá mucha armonía.

En el seis de espadas vemos el inicio de una jornada con aire melancólico: dejar ir era triste pero necesario. Pese a ser una escena poco alegre, esta transición lleva a una tierra prometedora que se divisa en el horizonte.

En el seis de bastos vemos a una única persona que celebra sus éxitos y es coronada con laurel. El progreso es reconocido, los cambios y obstáculos anteriores están siendo superados con éxito ¡y todo da lugar a un reconocimiento público!

El seis de copas muestra a una persona dando una de sus copas, que está llena de flores, a otra; mientras tanto, las está oliendo, distrayéndose un poco de la tarea. Puede representar recuerdos del pasado, generosidad y amabilidad, pero también nos indica que no debemos distraernos demasiado para poder seguir avanzando.

FINALMENTE, EL SEIS DE OROS TIENE A UNA PERSONA JUSTA Y EQUILIBRADA, QUE SABE CUÁNDO Y CUÁNTO PUEDE DAR.

Ha aprendido a gestionar aquello que tiene, para no volverse a encontrar en la situación que nos narraba el número cinco de este palo.

EL SIETE

VII

Después de la armonía del número seis, el siete del tarot despierta otro deseo. Llama a seguir persiguiendo algo más y a trabajar por nuestros sueños. Además, nos puede hacer ver qué pasará en ese proceso, e incluso hacernos cambiar de idea.

En el siete de bastos vemos a una persona en posición aventajada, pero todavía luchando contra enemigos que no aparecen en la carta. Esta carta nos recuerda lo que es la perseverancia y que, pese a tener ventaja en el asunto, tendremos que defender nuestra posición y negociar «para evitar golpes».

En el siete de copas hay una persona que, en su idea de «tener algo más», descubre (y admira) una gran cantidad de posibilidades. En cada una de las copas se muestran representaciones del saber, el misterio, la riqueza, la victoria, la fuerza… Estando en las nubes, esta carta nos muestra que todo esto son solamente ilusiones, y no debemos perdernos en ellas; necesitaremos determinación para perseguir esas oportunidades.

El siete de oros tiene una ilustración clara del dicho «recoges lo que siembras», pero el personaje únicamente mira al fruto de la planta. Además de invertir en aquello que queremos, tener paciencia y obtener los frutos del trabajo, puede indicar un poco de falta de visión.

Ahora fijémonos en el siete de espadas. Nuestra protagonista se está llevando cinco espadas a algún lugar, y parece que no son suyas dado que mira hacia atrás, camina de puntillas y ha dejado dos clavadas que no podía transportar. Con las prisas no las lleva de forma segura, sino que las coge por la hoja. Esta persona está determinada a conseguir aquello que quiere, pero su estrategia puede haberla cegado e ignora el potencial que le otorgarían todas las espadas.

EL OCHO

Este número habla de límites, barreras y situaciones que quizá no tienen tratamiento.

En el ocho de espadas vemos a una persona con los ojos tapados y el cuerpo restringido; a su alrededor se disponen las espadas (sus ideas y pensamientos), formando una especie de prisión. El exceso de límites, o la falta de estos, puede llegar a aislarnos.

EL OCHO DE COPAS NOS MUESTRA A UNA PERSONA QUE SE ALEJA, CON LA LUNA COMO TESTIGO, DE SUS SENTIMIENTOS.

Después de haberse sentido abrumada, la persona decide que ahí estaba su límite y se va. Es una carta que, además de hablar de soledad, nos muestra la fuerza emocional necesaria para dejar ir.

En el ocho de bastos simplemente vemos eso: ocho bastos. Están claramente en el aire y en movimiento; tal vez han sido lanzados. Pueden simbolizar energía, viajes, libertad y cambios rápidos, pero… ¿no creéis que son demasiados como para mantenerlos bajo control? Esta carta, a veces, nos recuerda que hay que conservar los pies en la tierra. ¡Así el resultado de tanta energía no será caótico!

Ahora fijémonos en el ocho de oros. Vemos a una persona trabajando, realizando una tarea repetitiva que con práctica terminará dominando. Está tan concentrada que demuestra uno de los límites más complicados que una persona puede ponerse a sí misma: el límite de la disciplina.

EL NUEVE

IX

Es un número que suele destapar algunos problemas cuando sale en nuestras tiradas. Las cartas con el nueve siempre tienen, como mínimo, un poco de drama.

El nueve de bastos nos muestra a una persona sujetando solamente uno de los bastos. Parece que ha estado en una batalla contra los otros ocho bastos, pero gracias a su resiliencia tal vez los haya vencido.

En el nueve de copas vemos a una persona, muy satisfecha con su colección de copas, sentada justo en el medio. No hay movimiento, tampoco parece haber nadie más con ella... Esta persona puede tener satisfacciones sentimentales, pero no tiene a su lado a nadie con quien compartirlas.

En el nueve de oros figura una persona que vive con lujo y riquezas, que dispone de todo lo que podría desear y que vive de la forma más elevada entre los frutos de su trabajo (¿recordáis el ocho de este palo?). Aun así, esta carta hace una llamada a no olvidar nuestro origen y mantener los pies en la tierra.

EL NUEVE DE ESPADAS ES UNA DE LAS CARTAS QUE MENOS ME GUSTA SACAR EN UNA TIRADA.

Parece que nuestra protagonista se ha despertado de una pesadilla, o que algo no la deja dormir. Esta persona triste y solitaria tal vez tenga resentimientos sobre el pasado, miedo al futuro, grandes indecisiones y bloqueos emocionales. Con un poco de tiempo, a lo mejor logra conciliar el sueño y hacer las paces con sus pensamientos...

EL DIEZ

X

En el tarot, el número diez es un número de extremos. Si el número nueve podía haber sido el punto culminante de la historia de cada palo, el diez lleva el argumento un paso más allá.

LA PASIÓN Y LAS GANAS DE CONSEGUIR NUEVAS METAS DEL PALO DE BASTOS SON LLEVADAS AL EXTREMO, Y ESTO SE CONVIERTE EN UNA GRAN CARGA.

En el diez de espadas vemos una escena trágica, donde la persona que protagoniza la carta ha sido apuñalada (diez veces) por la espalda con todos los pensamientos negativos. ¡Una clarísima escena de traición y sufrimiento!

El diez de oros muestra el gran resultado de las diferentes escenas que encontramos previamente en este palo: tres generaciones de una familia disfrutando de los beneficios del trabajo anterior.

EN EL DIEZ DE COPAS SE OBSERVA QUE LA FELICIDAD Y LA SATISFACCIÓN FINAL SE HAN CONTAGIADO A TODA LA FAMILIA, Y TAMBIÉN QUE EL APRENDIZAJE EMOCIONAL HA MATERIALIZADO UNA VIDA ALEGRE.

LAS CARTAS DE LA CORTE

Son los pajes, caballeros, reinas y reyes de la baraja. Hay dieciséis en total (una de cada por palo) y a veces pueden ser complicadas de interpretar. Muchas personas entienden este grupo de cartas como «la familia», siendo el rey el padre, la reina la madre, el caballero el hijo adolescente y el paje el niño. Pero no os dejéis llevar por las características y convenciones tradicionales de género y edad. Si, preguntando por alguien, sacáis de la baraja un rey, no tiene por qué significar que será un hombre mayor. Puede ser también una persona sabia y madura con energía masculina, independientemente de su género o edad. Para identificar esto os podéis ayudar de vuestra intuición, o añadiendo más cartas a la tirada.

- **Los pajes:** tienen energía muy joven, curiosa y vivaz. Descubren aquello que los rodea y viven para experimentar. Al aparecer en una tirada pueden indicar la llegada de noticias.

- **Los caballeros:** su energía es muy fuerte y apasionada, pero a veces pueden perder el norte. Al aparecer en una tirada debemos responder a su pasión, si bien habrá que ir con cautela para no actuar de manera errática.

- **Las reinas:** están impregnadas de madurez, además de protección y cuidados. Cada una de ellas representa a la perfección las cualidades del palo al que pertenecen.

- **Los reyes:** su energía es madura y representan una llamada a la acción. Pueden ser comprendidos como los líderes, estando al mando de las diversas situaciones cuando es necesario.

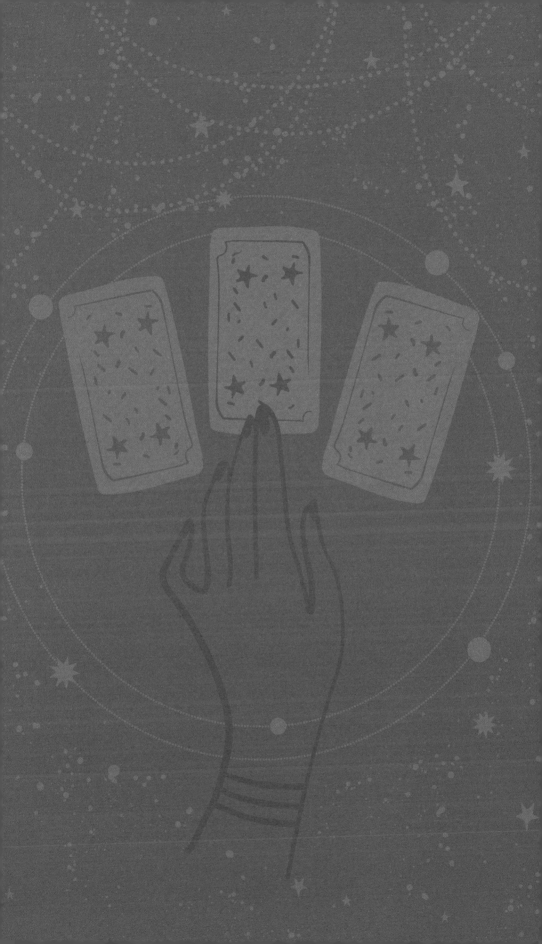

SIGNIFICADOS DE LOS ARCANOS MENORES

		COPAS	BASTOS
		Emociones, asuntos del corazón, relaciones	Pasión, búsqueda espiritual y creativa
		Cáncer, Escorpio, Piscis Agua	Aries, Leo, Sagitario Fuego
I	Derecho	nuevo amor, arte, creatividad, energía emocional primaria, imaginación, pureza	inspiración, pasión, potencial, energía creativa primaria, espiritualidad
I	Revés	emociones reprimidas, vulnerabilidad, final, separación	fines, retrasos, desmotivación, impaciencia
II	Derecho	salud, colaboración, unión, equilibrio, amor verdadero, almas gemelas	concentración, decisiones, equilibrio, planificación, descubrimiento, acción e inacción
II	Revés	desequilibrio, lucha, desconexión, indignidad	exceso de confianza, frenado, falta de determinación, bloqueo
III	Derecho	comunidad, reunión, felicidad, amistad, afecto, celebración, creatividad	estrategia, previsión, transformación, viaje, desarrollo, asociación
III	Revés	creatividad reprimida, deslealtad, desconexión, indulgencia excesiva	obstáculos, riesgo, desilusión, retraso
IV	Derecho	insatisfacción, rutina, aislamiento, apatía, agotamiento	promesa, alegría, celebración, armonía, matrimonio, regalos, hogar
IV	Revés	aburrimiento, inexperiencia	tensión, inestabilidad, transición, cambio
V	Derecho	pérdida, fracaso, pena, viejas heridas, negatividad	desacuerdo, resistencia, lucha, competencia, obstáculo, éxito
V	Revés	aceptación, perdón, nostalgia	huida, dudas, negociación, evasión

OROS	ESPADAS
Economía, estudios, mundo material	Mente, temores, poder, asuntos intelectuales
Tauro, Virgo, Capricornio Tierra	Géminis, Libra, Acuario Aire
nuevos comienzos, abundancia, buena salud, dinero, energía material primaria, suerte	objetivo, nuevas ideas, racionalidad, claridad, energía intelectual primaria, victoria
corrupción, avaricia, riesgos, demora	inseguridad, desorden, aburrimiento, confusión
adaptabilidad, fluctuación, armonía, equilibrio, gestión	intuición, compromiso, indecisión, dudas, punto muerto, falta de información
irresponsabilidad, incertidumbre, negligencia, desorden	miedo, confusión, conflicto, sentirse abrumada
colaboración, confianza, nuevo proyecto, satisfacción, estatus, reconocimiento	corazón roto, angustia, desgracia, duelo, dolor, rechazo
competición, interferencia, lentitud, discordia	perdón, recuperación, introspección, claridad
ahorros, seguridad, conservadurismo, control, estabilidad	contemplación, descanso, sanación, recuperación, relajación
avaricia, materialismo, pérdida, desconfianza	resentimiento, estancamiento, frustración, agotamiento
pobreza, escasez, tiempos difíciles, lesiones, salud deficiente	egoísmo, tensión, deshonra, engaño, conflicto, resentimiento
recuperación financiera, confianza, espiritualidad, nuevas oportunidades	resolución, perdón, reunión, comprensión

		COPAS	BASTOS
		Emociones, asuntos del corazón, relaciones	Pasión, búsqueda espiritual y creativa
		Cáncer, Escorpio, Piscis Agua	Aries, Leo, Sagitario Fuego
VI	Derecho	reencuentro, mirar atrás, nostalgia, recuerdos, amor de la infancia, inocencia	victoria, triunfo, reconocimiento público, promoción, reivindicación
	Revés	carencias, inocencia, abuso, decepción	egoísmo, dudas, negligencia, orientación incorrecta
VII	Derecho	ilusión, deseos irreales, confusión, fantasía, sueños, pesadillas, habilidades psíquicas	desafío, reto, valentía, confianza, responsabilidad, soledad, justificación
	Revés	incertidumbre, tentación, indecisión, abrumado	inferioridad, debilidad, abrumado, juicio
VIII	Derecho	renuncia, viaje, punto muerto, soltar, final agridulce, pérdida de interés	acción, productividad, entusiasmo, potencial, éxito, velocidad, cambio
	Revés	incapacidad, deriva, rechazo, confusión	demora, errores, confusión, frustración
IX	Derecho	felicidad, gratificación, satisfacción, buena suerte, armonía	valor, cautela, agotamiento, determinación, esperanza
	Revés	materialismo, avaricia, expectativas irreales, jactancia	defensivo, fracaso, paranoia
X	Derecho	abundancia, amor, prosperidad, comodidad, armonía, serenidad	perseverancia, sobrecarga, presión, carga emocional, estrés, final
	Revés	ruptura, falta de conclusión, negligencia, desfase	inmadurez, alivio, simplificación de la situación, evasión

	OROS	ESPADAS
	Economía, estudios, mundo material	Mente, temores, poder, asuntos intelectuales
	Tauro, Virgo, Capricornio Tierra	Géminis, Libra, Acuario Aire
	generosidad, gratitud, bendición, compartir, caridad	transición, soluciones, abandono de la lucha, seguridad, cambio
	avaricia, crueldad, egoísmo, juicio	desequilibrio, retraso, desafíos, indecisión
	beneficio, inversión, paciencia, perseverancia, trabajo, crecimiento	engaños, huida, medias verdades, robo, conspiración, irresponsabilidad
	desempleo, fracaso, revalorización	responsabilidad, compromisos, aceptación, desafíos
	creatividad, pasión, dedicación, objetivo, habilidades, ganas de aprender	aislamiento, decepción, restricción, encarcelamiento, estar presa
	perfeccionismo, obsesión, frustración, fracaso	liberación, responsabilidad, aceptación, descubrimiento
	lujo, abundancia, éxito, prosperidad, dinero, aprecio	crisis, miedo, ansiedad, culpabilidad, angustia, insomnio
	materialismo, indulgencia excesiva, pérdida, fracaso	objetividad, revelación, percepción, recuperación
	familia, realización, riqueza, prosperidad, fundamentos, confort, seguridad	derrota, traición, sucumbir, fin, ciclos, soltar, tristeza, pérdida
	presión, juicio, pérdida, soledad	esperanza, recuperación, renovación, aceptación de la situación

		COPAS	BASTOS
		Emociones, asuntos del corazón, relaciones	Pasión, búsqueda espiritual y creativa
		Cáncer, Escorpio, Piscis Agua	Aries, Leo, Sagitario Fuego
PAJE	Derecho	confianza, visión, ternura, sensibilidad, intuición, amabilidad, compasión	curiosidad, optimismo, entusiasmo, acción, poder, viaje
PAJE	Revés	inmadurez, apatía, inseguridad, impulsividad	pereza, arrogancia, desconcentración, pesimismo
CABALLERO	Derecho	progreso, realización, curación, romanticismo, caballerosidad, dedicación, afecto	popularidad, espontaneidad, entusiasmo, determinación, impulsividad
CABALLERO	Revés	celos, desilusión, egoísmo, jactancia	pesimismo, rabia, frustración del ego
REINA	Derecho	protección, creatividad, elegancia, percepción, amabilidad, visiones, intuición	desarrollo, intuición, belleza, dinamismo, encanto, liderazgo
REINA	Revés	dependencia, deshonestidad, insatisfacción, inseguridad	frialdad, celos, agresión, personalidad dominante
REY	Derecho	calma, fuerza, sabiduría, serenidad, cuidados, ambivalencia, equilibrio	influencia, madurez, fuerza, liderazgo, pasión, astucia, seducción
REY	Revés	intolerancia, cambios de humor, abuso, dependencia emocional	intolerancia, despiadado, impaciencia, impulsividad

OROS	ESPADAS
Economía, estudios, mundo material	Mente, temores, poder, asuntos intelectuales
Tauro, Virgo, Capricornio Tierra	Géminis, Libra, Acuario Aire
oportunidades, descubrimiento, concentración, estudio, maestría, disfrute	claridad, resolución de problemas, dinamismo, agilidad mental, curiosidad
ignorancia, inmadurez, frustración, resentimiento	irritabilidad, ansiedad, pesadez, dudas
eficiencia, eficacia, prudencia, fiabilidad, progreso, ambición	obstinación, energía, ingenio, arrogancia, rigurosidad, argumentos
lentitud, pereza, inactividad, despreocupación	debilidad, poco fiable, desorden, impaciencia
prosperidad, creación, maternal, liderazgo, trabajo, satisfacción	confianza, fiabilidad, independencia, observación, visión crítica, fuerza
soledad, martirio, superficialidad, desequilibrio	crueldad, distancia, emocional, ambición
abundancia, realismo, fiable, liderazgo, fuerza, trabajo, poder	intelectualidad, control, justicia, buena gestión, objetivos claros
control, inestabilidad, abuso del poder, supresión	indecisión, manipulación, crueldad, abuso

Estas son las cartas que no pertenecen a ningún palo. Cuando saco un arcano mayor durante mis tiradas, lo interpreto como un mensaje crucial, una llamada de atención… Los arcanos mayores son tremendamente complejos y están llenos de simbología. ¡Para explicarlos en profundidad tendría que dedicarles otro libro entero! Aun así, os voy a explicar un poquito los símbolos que podéis encontrar en ellos (además del resto de la baraja).

o **Luna:** además de tener su propia carta, la Luna aparece en muchas más. Es símbolo de misterio, intuición, el subconsciente y lo oculto. ¡También de poderes psíquicos!

o **Cuerpos de agua:** lagos, ríos, mares… Las masas de agua hablan de emociones y reflejan nuestro estado interior. A veces vemos también «el final» de estos (la otra orilla, dando esperanza) y otras veces no. El estado del agua también nos puede dar mucha información. ¿Está en calma?

o **Pájaros:** usualmente se encuentran sobrevolando a la protagonista de la carta. Representan un pensamiento superior o una perspectiva más amplia de la cuestión. Además, dependiendo de la especie, pueden tener más significados.

o **Serpientes, lagartos y demás animales:** os podrá parecer raro, ¡pero en el tarot hay muchos animalillos escondidos! Estas criaturas pueden mudar o cambiar su piel, haciendo referencia a la adaptabilidad, el cambio y el crecimiento. Fijaos en la vestimenta del caballero y el rey de bastos. ¡Son lagartos! Únicamente los del rey son círculos completos, representando su nivel de madurez. Además, el rey tiene a sus pies una de estas criaturas.

o **Llaves:** representan un conocimiento especial y oculto que es transmitido de generación en generación. A veces esta llave puede ser obtenida de alguna manera. Encontramos llaves en cartas como la del Hierofante.

- **Estrellas:** las estrellas sirven, desde hace mucho mucho tiempo, para viajar y orientar a navegantes en la dirección correcta. Representan que se encuentra el camino, que se navega por algún lugar que desconocemos, que se halla una guía...

- **Paisaje y fondo:** fijándonos un poco más allá de la protagonista de la carta, podemos encontrar otro nivel de significado. ¿Qué vemos? Una montaña puede simbolizar un reto, o una nueva perspectiva si estamos en la cima. Un templo representa sabiduría, o también un poder muy establecido y tradicional. Los jardines transmiten felicidad, amor, plenitud y bondad. Los desiertos podrían considerarse como lugares arduos, y los bosques pueden representar crecimiento. No olvidéis fijaros en el cielo. ¿Amanece? ¿Hay nubes o tormenta? ¿Es de noche o de día?

- **Acción:** aquello que hacen las personas de nuestras cartas es muy importante. Si están en una posición estática, sentadas, simbolizará estabilidad, pero también resentimiento o bloqueo. Si van montadas en una embarcación o animal, habrá movimiento, tal vez indiquen viajes. Si están de pie, habrá que fijarse en si tienen ambos pies en el suelo, si están haciendo equilibrio...

- **Vestimenta:** cómo van vestidas las personas protagonistas de las ilustraciones nos dice mucho de cada significado. ¿Llevan ropa ceremonial o más cómoda y práctica? ¿Usan zapatos? ¿Y coronas o velos? Los ropajes más elaborados pueden simbolizar algo más elevado y misterioso, mientras que las vestimentas más simples son asociadas con vivencias más mundanas.

SIGNIFICADOS DE LOS ARCANOS MAYORES

	CARTA	CORRESPONDENCIAS
O	El Loco	Urano, aire
I	El Mago	Mercurio, aire
II	La Sacerdotisa	Luna, agua
III	La Emperatriz	Venus, tierra
IV	El Emperador	Aries, fuego
V	El Sumo Sacerdote	Tauro, tierra
VI	Los Amantes	Géminis, aire
VII	El Carro	Cáncer, agua
VIII	La Fuerza	Leo, fuego
IX	El Ermitaño	Virgo, tierra
X	La Rueda de la Fortuna	Júpiter, fuego

DERECHO	REVÉS
nuevos inicios, viaje, espíritu libre, inocencia, originalidad, instinto, peligro	apatía, incertidumbre, imprudencia, negligencia
manifestación, decisión, fuerza espiritual, concentración	malestar, orgullo, falta de previsión, incapacidad, demora
subconsciente, intuición, habilidades psíquicas, misterio, sabiduría	represión, secretos, desconfianza, pérdida
creación, lujo, belleza, abundancia, fertilidad, madre naturaleza	desconexión, oposición, negligencia, indecisión
poder, autoridad, control, experiencia, dominación, pericia	elusión, rigidez, impotencia, desorden
tradición, religión, estudio, sabiduría espiritual, institución, consejos	hipocresía, corrupción, rebelión, desobediencia
unificación, relaciones, amor, dualidad, elección, deseo	separación, desequilibrio, desconexión, conflicto
control, fuerza de voluntad, maestría sobre una misma, motivación, victoria	agresión, pérdida de control, duda, derrota
serenidad interior, paciencia, confianza, compasión, coraje	rabia, orgullo, furia, conflicto
introspección, soledad, reflexión, retiro, meditación, iluminación	aislamiento, estupidez, repliegue, depresión
ciclo, destino, karma, oportunidad, suerte, cambios	falta de voluntad, mala suerte, caos, maldición

	CARTA	CORRESPONDENCIAS
XI	La Justicia	Libra, aire
XII	El Colgado	Neptuno, agua
XIII	La Muerte	Escorpio, agua
XIV	La Templanza	Sagitario, fuego
XV	El Diablo	Capricornio, tierra
XVI	La Torre	Marte, fuego
XVII	La Estrella	Acuario, aire
XVIII	La Luna	Piscis, agua
XIX	El Sol	El Sol, fuego
XX	El Juicio	Plutón, fuego y agua
XXI	El Mundo	Saturno, tierra

DERECHO	REVÉS
verdad, consecuencias, equidad, equilibrio, igualdad	corrupción, mala fe, conflicto, falta de responsabilidad
sacrificio, introspección, nueva perspectiva, reflexión, liberación, rendición	oportunidad perdida, indecisión, retraso, ilusión
conclusión, transformación, finales, ciclo, cambio, transición	estancamiento, resistencia, obsesión, inmovilidad
moderación, sobriedad, equilibrio, divinidad, sanación, objetivo	frustración, competencia, excesos, desequilibrio
seducción, vicios, esclavitud, dependencia emocional, pasión, materialismo	nueva perspectiva, conciencia, libertad, vulnerabilidad
destrucción, cambio brusco, desespero, toma de conciencia, devastación	rechazo, miedo, negación, reticencia
renacimiento, esperanza, fe, serenidad, renovación, espiritualidad, claridad	falta de fe, prueba de fe, desesperación, desconexión, negatividad
ilusiones, subconsciente, intuición, engaño, miedos, ansiedad	emociones reprimidas, confusión interior, frustración, tristeza
positivismo, iluminación, alegría, celebración, éxito, vitalidad	egoísmo, pérdida del optimismo, egocentrismo, tristeza
despertar, renacimiento, aceptación, resurrección, absolución, libertad	inseguridad, estancamiento, obstrucción, rechazo
final, culminación, éxito, sabiduría, realización, satisfacción, viaje	arrepentimiento, sentirse incompleta, falta de orientación, dudas

DEL HOGAR

·– INCIENSOS, SAHUMERIOS Y VELAS –·

Los inciensos, sahumerios y velas son elementos imprescindibles en la práctica de muchas brujas (incluida yo). Nunca está de más tener algunas varillas de incienso a mano o un par de velas blancas en un cajón.

Estas herramientas pueden acompañar a otros elementos de un hechizo o ritual, pero también pueden usarse de forma independiente. Mientras ordenamos y limpiamos nuestro hogar, encender la varilla de incienso correcta puede purificar y recargar nuestro espacio. Asimismo, después de una visita poco agradable, podemos aligerar la energía de la casa abriendo bien las ventanas y quemando un sahumerio.

ES HABITUAL COMPRAR VARILLAS DE INCIENSO YA PREPARADAS, PERO TAMBIÉN PODEMOS PREPARAR ATADILLOS PARA QUEMAR EN CASA. ¡ES MÁS FÁCIL Y ACCESIBLE QUE HACER INCIENSO DE FORMA ARTESANAL!

CÓMO HACER UN SAHUMERIO

Para hacer un sahumerio necesitaremos, como mínimo, una hierba que quemar. No hay un límite de cantidades, pero el total de plantas debería ser de unos 5 cm de diámetro y 10 o 15 cm de largo. Así será fácil de secar y no dará problemas a la hora de quemarlo. También necesitaremos un hilo de algodón (no sintético). Podemos hacer coincidir el color del hilo con el de nuestra intención.

He aquí algunas combinaciones de hierbas:

- **Atraer amor:** albahaca, frambuesa, manzanilla, jazmín, rosa.

- **Sanar:** artemisa, eucalipto, hierbabuena, laurel, estragón.

- **Atraer dinero:** eneldo, menta, laurel, trébol, citronela.

- **Adivinación:** anís, artemisa, hinojo, lavanda, laurel.

- **Purificación y protección:** menta, romero, tila, lavanda, tomillo, salvia verde.

En primer lugar, elegiremos las hierbas que coincidan con el uso que les daremos. No hace falta que las palabras que definan las hierbas coincidan al completo con nuestra intención. Si queremos atraer dinero, también podemos añadir hierbas de «suerte en los negocios» a nuestro atadillo, o si queremos adivinar y que, de paso, sea una adivinación segura, podemos añadir alguna hierba de protección.

Una vez hayamos recolectado unos cuantos tallos y ramas, los dispondremos encima de nuestra mesa de trabajo (a poder ser, purificada previamente). Haremos coincidir las bases de los tallos en el mismo lado y los finales, en el lado opuesto: así podremos manipular el atadillo cómodamente por el lado de las ramas. Apretaremos todas las hierbas en una de nuestras manos para juntarlas y formar el atadillo. Para mantener su forma nos podemos ayudar con una goma de pelo.

Tomaremos el hilo, dejaremos un trocito extra en la base de las ramas antes de empezar a enrollar y daremos vueltas al atadillo asegurando todas las hierbas. Al llegar al final, volved a la base dando vueltas con el hilo, envolved un par de veces más los tallos y atad el final del hilo con el trocito extra que hemos dejado al principio.

Una vez formado nuestro atadillo de hierbas, lo debemos dejar secar colgado, en un lugar sin humedad y donde le dé la luz del sol. Así no se quedará húmedo por dentro.

CUANDO ESTÉ BIEN SECO, ESTARÁ LISTO PARA QUEMAR.

Es cierto que podéis hacer atadillos de hierbas ya secas, pero siempre que lo he intentado las hojas se caían de los tallos, las flores se rompían... ¡Al terminar había más hierbas en la mesa que en el atadillo!

¿Y si no puedo quemar hierbas en mi espacio? ¡No pasa nada! Podéis hacer una mezcla de alcohol etílico de 96° y agua a partes iguales, e infusionarla durante un par de días con vuestra combinación de hierbas. Después, poned la mezcla en un pulverizador y usad el espray en lugar de ahumar la casa. Tened en cuenta que algunas plantas pueden teñir las telas. ¡Pulverizad la mezcla con cuidado!

LAS VELAS

Hay muchos tipos, tamaños, formas y colores de velas. Podemos vestirlas y prepararlas para acompañar nuestros rituales o usarlas como parte principal de un hechizo. Dentro del gran catálogo de velas, podemos destacar algunas categorías:

VELAS DE TÉ

Estas velas tan pequeñas son perfectas para decorar el hogar y, de paso, añadir un poco de magia a un día cualquiera. Puedes hacer coincidir su color o fragancia con la energía que necesites, o incluso añadir alguna hierbecita a la cera.

VELÓN

Por el tamaño de estas velas, no son las más indicadas para hacer hechizos cortos, ni rituales de una noche que requieran la total consumición de la cera. En cambio, son perfectas para representar a ancestras, deidades, o energías que queramos atraer al encenderlas, además de rituales de varios días de duración.

VELÓN DE SIETE MECHAS

Este tipo de vela, también llamada «tumbatrabajos», sirve para lo que su nombre indica: tumbar trabajos mágicos. Dependiendo de la bruja a la que preguntes, encenderá las mechas en un orden u otro. Personalmente enciendo la mecha principal (la superior) justo después de pedir la eliminación del trabajo mágico, y poco a poco enciendo el resto, de arriba a abajo. Cada vez que enciendo una mecha, recito una oración. Podéis cambiar de oración dependiendo del trabajo mágico que queráis tumbar, o redactar una «general».

VELAS DE CUMPLEAÑOS

Estas velas tienen más usos de los que creemos. Sí, sirven para decorar el pastel el día de nuestro cumpleaños, pero también son geniales para aquellos hechizos que requieran que la vela se consuma en su totalidad. ¡Así no os tendréis que quedar toda la noche despiertas, vigilando que la vela no queme una cortina!

VELAS CON FORMAS

La finalidad de estas velas puede ser muy variada dependiendo de la forma, pero el denominador común es que sirven para representar. Pueden tener forma humana, de parte del cuerpo, de objeto concreto… La lista es infinita y sus usos son muy diversos. Aquellas velas con forma humana pueden representar a alguien que queramos proteger, pero también pueden ser usadas para ejercer mal a una persona en concreto.

ES LO QUE LLAMAMOS «MAGIA IMITATIVA»: LO SEMEJANTE PRODUCE LO SEMEJANTE.

Recordad no dejar nunca una vela sin supervisión, sobre todo si tiene elementos inflamables en la cera (como hierbecitas). Disponedla sobre un lugar adecuado y tened siempre a mano algo con lo que ahogar la llama.

·– SIGILOS Y SÍMBOLOS –·

Estos dibujos tan curiosos pueden albergar un gran poder, y son muy útiles a la hora de proteger y energizar nuestro hogar, o al cargar de intención un hechizo.

UNA FORMA RÁPIDA Y SENCILLA DE HACER SIGILOS CONSISTE EN ESCRIBIR PRIMERO NUESTRA INTENCIÓN.

Puede ser una única palabra o una frase larga. Una vez que la hayamos escrito, eliminaremos las vocales. Después, quitaremos también todas las consonantes que ya hayan aparecido una vez en nuestra intención. Al terminar este proceso, deberíamos tener una serie de consonantes diferentes (es decir, ninguna debe estar repetida). Dispondremos este conjunto de letras, superponiéndolas y jugando con los tamaños, formas y ángulos, hasta obtener un sigilo que nos guste.

¡AÑADIDLE DECORACIÓN SI QUERÉIS!

Para usar un sigilo hay que activarlo de alguna manera. Podéis dibujarlo en un papel y quemarlo, tomando siempre las precauciones necesarias; meditar sobre vuestra intención, tomando el sigilo entre vuestras manos, o simplemente concentraros bien en la intención de este mientras lo dibujáis. Todo ello depende de para qué empleéis el sigilo.

¡NO VAMOS A INSCRIBIR UN SIGILO PROTECTOR EN NUESTRA PUERTA E INCENDIARLA JUSTO DESPUÉS!

Hay diversos símbolos dentro del mundo de la brujería, algunos son muy antiguos y otros más recientes de lo que parece. Todos nos pueden servir en infinidad de momentos para invocar sus cualidades y cargar nuestros hechizos.

EL PENTAGRAMA Y EL PENTÁCULO

Son los más usuales dentro de las diversas prácticas mágicas. Cada punta representa un elemento: tierra, aire, fuego, agua y espíritu. El pentagrama es únicamente la estrella de cinco puntas, y el pentáculo es la estrella inscrita en un círculo que une sus puntas (representando la unión infinita de los elementos).

TIENEN INFINIDAD DE USOS: DESDE INVOCAR LOS ELEMENTOS HASTA PURIFICAR MATERIALES O SELLAR ESPEJOS.

LA TRIQUETA

Simboliza la vida, la muerte y el renacer. Aporta curación, fertilidad y bendición. En ciertas culturas es tradición regalar una triqueta (en forma de colgante o anillo) a tu pareja, simbolizando las tres promesas de una relación (amar, honrar y proteger).

EL TRISQUEL

Es una figura conformada por tres espirales unidas (o tres piernas dobladas). Representa la evolución, el crecimiento, el equilibrio entre cuerpo-mente-espíritu, la relación continua entre el pasado, el presente y el futuro...

LA TRIPLE LUNA

Es un símbolo relacionado con la Triple Diosa: deidad (o arquetipo divino) perteneciente a diversas prácticas neopaganas y ramas del neopaganismo. Se concibe a esta diosa como una trinidad, y, haciendo paralelismo con las fases de la Luna, es representada por una doncella, una madre y una anciana.

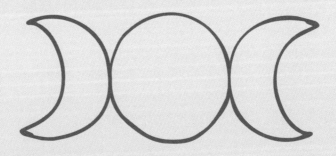

EL ORIGEN DE ESTA DEIDAD Y SU TRIPLICIDAD PUEDE TENER DIVERSAS RAÍCES, PERO UNA ENORME INFLUENCIA FUE LA DIOSA CON LA QUE A VECES SE LA CONFUNDE: HÉCATE.

LA RUEDA DE HÉCATE (*STROPHALOS*)

Es un símbolo complejo, que cuenta con un laberinto trilateral y una estrella hexagonal en el centro. Podemos encontrar el laberinto inscrito dentro de más círculos, con lunas, serpientes y otros símbolos. Se asocia a ella gracias a diversas representaciones y referencias, por ejemplo, en los oráculos caldeos (unos textos del siglo II d. C.). Hija de Perses y Asteria, Hécate es diosa de los límites: puertas, fronteras, cruces de caminos… Gracias a esta característica liminal, también es una diosa del inframundo. Además, es una deidad asociada a la brujería y la Luna. La simbología de la rueda de Hécate es muy compleja y potente.

REPRESENTAR ESTA RUEDA AYUDA A REPRESENTAR A ESTA DEIDAD Y SUS CUALIDADES EN NUESTRA PRÁCTICA.

Además, podemos invocar las cualidades de diversos materiales, elementos, planetas y signos empleando sus símbolos. Y, colocando una carta del tarot en un lugar visible, podemos invocar su energía.

·– SÍMBOLOS ALQUÍMICOS –·

ASTROS

LUNA   SOL   TIERRA   MERCURIO

URANO   VENUS   MARTE   JÚPITER

SATURNO   NEPTUNO   PLUTÓN

SIGNOS

ARIES   TAURO   GÉMINIS   CÁNCER   LEO

VIRGO   LIBRA   ESCORPIO   SAGITARIO

CAPRICORNIO   ACUARIO   PISCIS

ELEMENTOS

FUEGO   AGUA   AIRE   TIERRA

MATERIALES

COBRE   PLOMO   LATÓN   ESTAÑO

FÓSFORO   VINAGRE   MORTERO   SALITRE

ANTIMONIO LAPISLÁZULI HIERRO   MERCURIO

ORO   ACEITE DE OLIVA   SAL

·– AMULETOS Y TALISMANES –·

Los amuletos y talismanes pueden tomar diversas formas y ser empleados con diversas finalidades. Un amuleto es aquel que «repele» o aleja ciertas energías de su portador, a modo de protección. Por su parte, el talismán tiene la función contraria: es empleado para atraer u otorgar un poder o una energía determinada a quien lo posea.

Entre los amuletos más comunes y empleados encontramos los crucifijos, ciertas runas, monedas de la suerte, cadenas de ajo y herraduras.

ESTOS SON DISPUESTOS EN HOGARES O LLEVADOS POR PERSONAS PARA OBTENER SU PROTECCIÓN.

NAZAR (OJO TURCO)

Es un amuleto que está destinado a proteger del mal de ojo. Generalmente está compuesto por círculos concéntricos, empezando por el centro azul oscuro (o negro), después azul claro, siguiendo un círculo blanco y, por último, un círculo azul oscuro.

PODEMOS ENCONTRARLO EN DIVERSAS FORMAS Y FORMATOS: COLGANTES PARA EL HOGAR, LLAVEROS, PULSERAS...

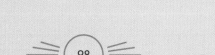

FIGA

La figa puede recibir varios nombres (*higa, cigua, mano negra...*). Este amuleto protector tiene su origen en la península ibérica y, con el paso del tiempo, se fue expandiendo su uso. Se fabrican figas en diferentes materiales, como azabache, coral rojo o incluso hueso. Se han encontrado objetos con este gesto en yacimientos fenicios y romanos. También existen elementos tallados en bronce y coral, datados del siglo III a.C., y realizados en azabache (el más longevo tiene ochocientos años de antigüedad). Es usado para ahuyentar la envidia y el mal de ojo, y también para proteger de hechizos. La mano está haciendo un gesto considerado ofensivo u obsceno, cerrando el puño y mostrando el dedo pulgar entre el índice y el corazón.

HAY UNA INFINIDAD DE HISTORIAS Y LEYENDAS SOBRE ESTE AMULETO, Y EN ELLAS SE HACE REFERENCIA A SU GRAN PODER.

CORNICELLO

Este amuleto italiano, además de proteger contra el mal de ojo, porta la fortuna. Recibe diversos nombres (*corno portafortuna, cuornuciello...*) y su material de fabricación puede variar: oro, plata, terracota, coral rojo... El cuerno retorcido suele ser empleado como joya o incluso como abalorio o cuenta. Es empleado por muchas brujas de los países mediterráneos.

PIEDRA DE BRUJA

Una piedra de bruja es aquella que, por causas naturales (erosión, por ejemplo), tiene un agujero que la atraviesa por el centro. Al colgar una de estas piedras-amuleto cerca de la entrada del hogar, o incluirlas entre los ladrillos de una construcción, se alejaban del lugar todos los males y las enfermedades, además de proteger de hechizos y encantamientos. Mirando a través del agujero de una piedra de bruja, podemos ver la realidad de las personas y desenmascararlas.

TRÉBOL CUATRIFOLIO

Este trébol es una variación poco frecuente del trébol de tres hojas. Según las creencias tradicionales, es un talismán que traerá muy buena suerte a aquella persona que lo encuentre. Si algún día halláis uno, secadlo entre las páginas de un libro para conservarlo. Después podréis plastificarlo (o encastrarlo en resina) para llevarlo siempre cerca.

Pese a haber amuletos y talismanes conocidos, también podemos «convertir» en talismán un objeto nuestro. Aseguraos de purificarlo bien, sobre todo si no os transmite una energía positiva al principio. Puede ser una caracola que os encontrasteis de viaje, un anillo de vuestra abuela o incluso un saquito de hierbas de vuestra propia formulación. Aseguraos de encantarlo bien y de establecer vuestra intención de forma correcta.

EL CALDERO DE BRUJA

		Necesitaremos:
Dificultad:	I	◎ Una olla con agua.
Tiempo:	II	◎ Conjunto de plantas y frutas de nuestra elección.

Con este remedio simple podemos invocar las cualidades de las plantas que incluyamos en él y llenar nuestro espacio de su energía.

A continuación, os doy algunas ideas de combinaciones. ¡Recordad invocar las cualidades específicas que necesitaréis de cada planta!

◎ **Amor:** albahaca, canela, frambuesa, jazmín, manzanilla.
◎ **Purificación:** clavo, muérdago, ortiga, pino, romero, ruda, sándalo.
◎ **Abundancia:** alfalfa, eneldo, jengibre, nuez moscada, tomillo.
◎ **Adivinación:** granada, higo, naranja, regaliz, nuez moscada.
◎ **Sanación:** artemisa, eucalipto, hierbabuena, laurel, limón.

Poned la olla sobre el fuego. Añadid los ingredientes al agua poco a poco, tomándolos entre las manos e invocando sus cualidades. Al echarlos en la olla, lo podéis hacer dibujando un sigilo o una runa que coincida con vuestra intención. Dejad que la olla hierva a fuego muy lento. Queremos que el agua infusione y se evapore poco a poco.

Dependiendo de cuál sea el objetivo, será mejor dejar las ventanas abiertas o cerradas. Para purificar, abrid puertas y ventanas y pasead la olla por vuestro espacio de vez en cuando (con las debidas precauciones). Si pesa demasiado, poned un poco de su contenido en una taza, y dejad que se vaya evaporando por las diferentes estancias del hogar. Ayudaos de un abanico o plumas para hacer llegar el vapor a todos los rincones. Si queréis que la casa se impregne de amor, tal vez no hará falta abrir el espacio (si este ya ha sido purificado con antelación). Para la olla de abundancia, abrid la puerta y «entrad» por ella llevando la olla, para «abrir el camino».

Recomiendo que dejéis que la olla vaya evaporando durante varias horas. Al terminar, disponed del agua y colad los ingredientes. Estos pueden ser desechados.

EL BOL

Dificultad:	II
Tiempo:	I

Necesitaremos:

- 3 ramitas de canela (éxito, prosperidad, buena suerte).
- 3 tréboles (éxito, atracción, riquezas).
- 9 granos de pimienta (protección, estimulación).
- 1 rama de pino (prosperidad, protección).
- Polvo de albahaca (fortuna, dinero, buena suerte).
- Sal (protección, purificación).
- 12 monedas de diferente valor.
- Un bol.

Este pequeño recurso atraerá más riqueza a nuestro hogar.

En primer lugar, purificaremos nuestro bol. Cubriremos el fondo del bol con una capa de sal. Crearemos un sigilo con nuestra intención concreta (encontrar un trabajo estable con un buen sueldo, cobrar un dinero que nos deben...) y lo inscribiremos en la sal del bol con el dedo índice. Después, añadiremos poco a poco las plantas. Recordad invocar sus cualidades. Los podéis disponer de cualquier manera, o creando símbolos que concuerden con la intención. Por último, colocaremos las doce monedas de diferentes formas: dejándolas caer, clavándolas en la sal... Es importante que no cubran toda la superficie: debe quedar espacio para «más monedas» (las que vendrán).

Conforme lleguen las riquezas, añadid alguna que otra moneda más al bol, así como otra rama de canela u otra pizca de albahaca.

Si dejáis de necesitar el bol, disponed de los ingredientes y purificad las monedas antes de guardarlas.

Una manera genial de energizar el bol es mediante una novena. Es un recurso usado dentro de diversas ramas espirituales populares, y en la hechicería tradicional. Se atribuye al número nueve un gran poder, dado que es tres veces tres, y repitiendo una oración o un hechizo durante

nueve días se le otorga a este una gran fuerza. ¡No hace falta que hagáis nueve boles seguidos! Idead un texto a modo de oración para recitar mientras elaboráis el bol, y repetidlo durante nueve días seguidos (contando el día de la elaboración como el primero) a la misma hora, o un día concreto durante nueve semanas (todos los viernes, por ejemplo). Podría ser algo así:

«**A la prosperidad doy la bienvenida**
y le abro las puertas de esta casa.
Al llegar se multiplica
y aún más riqueza amasa».

Una novena puede servir para muchas (muchas) cosas, como ofrendas o peticiones. Os explicaré un poquito más en el próximo capítulo.

LA ESCOBA

Dificultad:	II	**Necesitaremos:**
Tiempo:	III	○ Una rama grande y ancha (o varias ramas atadas).
		○ Ramas y tallos varios.
		○ Flores.
		○ Decoración (cascabeles, cuentas, minerales…).
		○ Cuerda o hilo.

Las escobas siempre se han asociado a las brujas. Nunca se han usado para transportarse (al menos no de forma física), sino que eran herramientas rituales. Hoy en día guardan una enorme simbología y pueden ser de gran ayuda a la hora de purificar un espacio. Sí, sí, no solo sirven para barrer. La escoba puede tener muchos usos rituales (siendo uno de ellos la purificación). Pensad en la escoba como aquella capaz de «barrer» energías y elementos. Sí, también puede alejar personas. Existe la creencia de que, cuando hay una visita no deseada en casa, si le damos la vuelta a la escoba (dejando el cepillo hacia arriba), esta persona se irá rápidamente. También podemos «barrer» cerca de sus objetos, o pasar la escoba por encima de sus zapatos.

Pese a que podemos usar una escoba normal y corriente para nuestros propósitos brujiles, os voy a enseñar a hacer una escoba ritual.

Para seleccionar la vegetación de vuestra escoba consultad el capítulo 5. Así podréis hacer coincidir vuestra intención (purificación, familia, alegría…) con las plantas que empleéis.

No hace falta que hagáis una escoba enorme. Podéis hacer una pequeñita para poder guardarla en vuestro altar o en un cajón y usarla cuando sea conveniente.

Primero, tomaremos la rama grande para hacer el mango. Podemos dejarla al natural, decorar la corteza con runas o quemarla un poco para darle un acabado diferente.

Dispondremos en uno de los extremos la base de nuestras ramas y tallos y las iremos fijando con cuidado al mango. Mientras atáis las ramas y los tallos con el hilo, id meditando sobre vuestra intención. Si queréis asegurar más ramas o tallos, haced pequeños grupos y anudándolos de forma individual al hilo con el que envolvéis el mango.

Cuando lleguéis a las capas superiores y más visibles, podéis añadir los adornos a la vez que atáis las ramas y los tallos. Es el momento de poner vuestras flores.

En el caso de que queráis poner una pieza mineral grande, hacedlo al terminar la parte del cepillo. Envolved el mineral en cuerda o alambre y después fijad este a la zona de la escoba que deseéis: justo encima del cepillo, en medio del mango o en la parte superior. Tallad pequeñas muescas en la madera del mango para asegurar mejor vuestros hilos y alambres.

Una vez que tengamos nuestra escoba terminada, la cargaremos con la luz de la luna. Podemos hacerlo durante un ciclo lunar entero, recitando cada noche una misma oración de nuestro puño y letra. Después ya estará lista para ser colgada encima de la puerta de nuestro hogar, o para purificar nuestro espacio con una barrida rápida. ¡Para purificar con escoba no hace falta que esta toque el suelo! Abrid puertas y ventanas y haced el gesto de barrer por todo el espacio.

CAPÍTULO 3

ANCESTRALES

TRABAJAR
CON ANCESTRAS

El trabajo con ancestras y la veneración de ellas es algo muy común en muchas de las prácticas mágicas alrededor del mundo. Igual que hay personas que rinden culto a deidades y trabajan con ellas, hay otras que lo hacen con sus personas antepasadas. Estas dos opciones no son mutuamente excluyentes, pero aquellas personas cuya práctica y sistema de creencias no incluya deidades siempre pueden realizar trabajo ancestral.

Si hay un denominador común en todas las familias es que estas pueden ser complejas. Son pocas las personas que cuentan exclusivamente con un historial familiar lleno de alegrías y de comprensión. De hecho, existen personas que, por diferentes motivos, no tienen contacto con sus familias, y eso puede hacernos creer que el trabajo ancestral no es para nosotras. Sin embargo, todas las historias son válidas y no hay ninguna más correcta que otra, por lo que cualquier persona puede establecer contacto con sus ancestras a través de las generaciones. Aunque el vínculo con nuestra familia «terrenal» sea desastroso, es muy probable que alguna de nuestras ancestras sí quiera ayudar y estar presente.

De venerar a una ancestra y hacerle algunas peticiones a trabajar con ella hay todo un espectro de compromiso y dificultad. Recomiendo empezar, como siempre, por el principio. Id poco a poco, aprended a protegeros energéticamente y haced caso a vuestra intuición.

La toma de contacto con una de nuestras antepasadas puede tener una amplia variedad de formatos: desde encontrar un objeto suyo en alguna caja heredada hasta verla en un sueño. También podemos ser nosotras las que iniciemos el contacto. Sea como sea, debemos tener precaución y contar con un espacio protegido.

·–EL CONTACTO CON EL OTRO LADO–·

Es cierto que, con el paso del tiempo, se ha perdido la conexión con nuestras antepasadas. Venerar y entrar en contacto con aquellas personas difuntas ha sido demonizado y caricaturizado, pero es de lo más primordial que existe. Eso sí, para tener un contacto seguro con nuestras ancestras –y muchas otras entidades– hacen falta unas cuantas cosas:

RESPETAD

No digo que temáis –aunque el miedo, en ciertos momentos, es inevitable–, pero... id con cuidado y respeto. Es un terreno nuevo; igual que vigilaríais vuestros pasos al cruzar un sendero de montaña oscuro y desconocido, vigiladlos cuando os adentréis en este camino.

USAD EL SENTIDO COMÚN

La mejor herramienta es plantearse las cosas un par de veces. ¿Vamos a intentar entrar en contacto con una entidad completamente desconocida? ¿O mejor empezaremos por nuestra bisabuela, de la que tenemos fotos y objetos, y que además era muy buena persona? ¿Intentaremos hacer nuestro primer contacto en un edificio abandonado con fama de paranormal? ¿O mejor lo haremos desde una localización conocida y segura? Exactamente.

SED ESPECÍFICAS

Si queréis llamar a vuestras ancestras, hacedlo de la forma más concreta posible. Decid sus apellidos, sus nombres, dónde vivían... Es decir, no lo dejéis al azar. Si no estáis seguras de haber contactado con quien deseabais, despedíos de manera respetuosa.

·–¿CON QUIÉN PODEMOS TRABAJAR?–·

La lista es bastante extensa. Podemos trabajar con personas de nuestra familia cercana que hayan muerto, como madres, padres o abuelas, así como con tíos o bisabuelos. Es mucho más fácil representar a estas personas y contactar con ellas si conocemos sus nombres y qué aspecto tuvieron. Aquellas familiares con las que tampoco tuvimos demasiado contacto también pueden entrar en el listado.

SÍ, HABLO DEL TÍO ABUELO QUE TE ENSEÑÓ UN PAR DE CANCIONES Y DE ESA PRIMA LEJANA QUE VINO DE VISITA UNA VEZ.

Si no tenemos conocimiento de nuestro árbol genealógico más allá de un par de generaciones, pero queremos trabajar con esas personas de nuestra familia que desconocemos y rendirles culto, podemos dedicarles una vela «general» y representarlas de diferentes maneras.

En la lista también entran aquellas personas que ocuparon un lugar importante en algún momento de nuestra vida, como una amiga íntima o esa vecina que fue como una segunda madre.

Podría seguir ampliando la lista hasta la eternidad, nunca mejor dicho, pero la terminaré con un último grupo bastante misceláneo: el de las «personas importantes». Pueden no pertenecer a nuestras familias, o incluso que no las hayamos conocido en persona, pero tienen una vida que ha sido tremendamente inspiradora para nosotras, o su trabajo ha sido una gran influencia en nuestra práctica mágica.

> Estáis en vuestro completo derecho de rechazar la veneración y el trabajo con alguna persona en concreto, por muy ancestral que sea. Podéis no representar a aquella persona que hizo daño en vida y olvidarla por completo. Es vuestra práctica y por eso sois libres de escoger a qué familiares incluís en ella.

CÓMO CONECTAR CON NUESTRAS ANTEPASADAS

Antes de empezar quiero que os deshagáis de cualquier gran expectativa. Para algunas personas puede ser un camino fácil y rápido, y para otras quizá requiera tiempo y trabajo. Hay tantas formas de establecer una conexión como antepasadas con las que conectar, así que os dejo algunas ideas que tal vez os funcionen.

Preguntad a vuestras familias o a personas cercanas sobre aquellas personas ya difuntas. Sé que esta primera opción puede ser muy complicada o incluso imposible para algunas de vosotras, por temas de adopciones, muertes o pérdidas de contacto. ¡No os desaniméis! Hay muchas maneras de conocer nuestra ascendencia. En el caso de que sí sea una opción accesible, tomaos vuestro tiempo para grabar y escuchar, por ejemplo, las historias de aquel tatarabuelo que, además de violinista, fue médico. Observad y haced copias de las cartas y fotografías que encontréis, o, si se os ofrece, guardad con cuidado aquel objeto de la abuela que vuestra madre ha atesorado durante tantos años.

Cuando necesito sentir que pertenezco a algún lugar, recuerdo las historias que me contaba mi padre de mi abuelo, y si paso por delante de la que fue su casa me siento un ratito en la piedra donde él paraba a descansar.

¡AÚN GUARDO ROMERO DE ESE JARDÍN DELANTERO!

Buscad de dónde venís. Suena muy simple, pero puede convertirse en un verdadero rompecabezas. Hay diversas páginas web y archivos que ofrecen árboles genealógicos que pueden facilitar la tarea. En los archivos de los pueblos y ciudades de los que provengan nuestros familiares podemos encontrar noticias y fotografías en las que veamos caras que quizá reconozcamos. Y, en el caso de necesitar ir más allá, podemos recurrir a los test de ADN. Estos compararán nuestra configuración genética con otras que tengan en su base de datos y nos dirán cuánto coincide nuestro ADN con el de personas de distintos países, asignando así un porcentaje a las distintas coincidencias. También pueden situarnos en determinados árboles genealógicos.

EL FUNCIONAMIENTO DE ESTOS TEST Y LA INTERPRETACIÓN DE SUS RESULTADOS SON COMPLEJOS POR DIVERSOS MOTIVOS, Y NO TIENEN UNA EXACTITUD DEL CIEN POR CIEN A LA HORA DE DETERMINAR EL ORIGEN DE UNA PERSONA, PERO PUEDEN ARROJAR LUZ A LA CUESTIÓN.

Visitad lugares donde estuvieron vuestras antepasadas. No es necesario caminar por el mismo camino que pisó nuestra tatarabuela, pero sí podemos ir a pasar el día a la zona en la que vivió. Si os resulta imposible visitar el lugar, buscad imágenes y vídeos de la zona.

A LO MEJOR ALGUNA PERSONA HA GRABADO ALGUNAS IMÁGENES O EXISTE UN ARCHIVO DIGITAL DONDE SE EXPLIQUE LA HISTORIA QUE HAN ALBERGADO ESOS PARAJES.

Experimentad las tradiciones de la tierra de vuestras antepasadas. Personalmente, leer documentos de un archivo no me aporta nada más allá de la información que encuentro escrita. Es cierto que he leído cosas conmovedoras, y he visto imágenes y grabados que han removido mis emociones, pero yo necesito algo más. Siento mejor la herencia de mi familia cuando escucho la música de las tierras de las que provengo. Mientras ordeno mis altares o hago ofrendas a mis ancestras escucho algún alalá, pongo de fondo un *cant d'albaes* e incluso cuelo en la *playlist* alguna sevillana. Y siempre que me es posible voy a disfrutar de las fiestas y el folclore de esos lugares en persona.

CUANDO NO PUEDO, ENCUENTRO ALGÚN MODO DE SEGUIR SINTIÉNDOME CERCA, COMO HACER AGUA DE SAN XOÁN EN MI PROPIA CASA.

Usad vuestros sueños. Puede sonar a cuento de hadas, pero el trabajo de sueños es una herramienta muy útil. Hay personas que poseen una facilidad tremenda para enfocar sus sueños en una dirección concreta. Otras únicamente tienen sueños muy extraños cuyo significado es complejo de descifrar. También hay personas que no sueñan, o no se acuerdan de absolutamente nada de lo que han soñado al despertar. El uso del sueño como herramienta requiere de paciencia y práctica. Para empezar a practicar formulad una pregunta o una frase al ir a dormir, o repetidla una y otra vez mientras os entra el sueño.

ESTA PUEDE SER TAN SIMPLE O COMPLEJA COMO CONSIDERÉIS.

Algunas de las cuestiones o peticiones que yo suelo formular son:

«**¿Alguna de mis antepasadas entrará en contacto conmigo?**».

«**Pido consejo y guiaje de mis antepasadas maternas para resolver este conflicto**».

«**Quiero saber cómo conectar más con mi tía abuela**».

Siempre prefiero realizar este ejercicio cuando no tengo que ponerme una alarma al día siguiente, para no interrumpir el sueño y quedarme a medias de una historia. En cuanto me despierto, escribo, dibujo o grabo en audio todo lo que soy capaz de recordar. A veces se me quedan grabadas imágenes supernítidas que puedo pintar, y otras veces solamente me despierto con una sensación específica en el cuerpo. Sea lo que sea, escribo la frase que formulé la noche anterior, la fecha de ese día y todo lo que sea capaz de escribir y describir. Poco a poco descubriréis mensajes y patrones.

Cosed un cojín y meted en el relleno anís seco y hojas de fresno para protegeros en vuestros sueños. Y, si no os parece una buena opción, rellenad un saquito con estas hierbas y tenedlo debajo de la almohada.

Haced un altar. Antes de que empecéis a pensar cuántas estanterías tendréis que vaciar para dedicarle el espacio a vuestras antepasadas, dejad que os diga que ¡no hay una única forma de crear un altar! Son tremendamente personales, y más cuando están dirigidos al trabajo ancestral. Igual de válido es reservar una esquinita del escritorio para la fotografía del abuelo y el pañuelo de la bisabuela que disponer todas las reliquias familiares en una repisa enorme con expositor. Podéis colocar un único altar o tener pequeños rinconcitos de la casa dedicados a diferentes familiares. Por ejemplo, si a vuestro padre le gustaba mucho cocinar, dedicadle una velita o un macetero de especias en la cocina.

Y, SI TENÍAIS UNA ABUELA MUY COQUETA, PONED UNA FOTO SUYA CERCA DEL ESPEJO EN EL QUE OS ARREGLÁIS.

ALTARES

Los altares pueden tener muchas formas, y seguramente ya dispongáis de alguno sin haberlo pretendido. Aunque una mesita auxiliar con fotos de la familia y un jarrón pueda funcionar como altar, os voy a dar una idea de «cómo se hace». Recordad que yo no sé nada de vuestras ancestras, y la siguiente guía es solo eso: una guía. ¡Adaptadla como queráis para que encaje con vuestras posibilidades y necesidades!

·– 1 –·
DECIDIR PARA QUÉ SERVIRÁ EL ALTAR

¿Únicamente rendiréis culto a vuestras personas antepasadas? ¿Os debe servir también para hacer trabajo mágico? ¿Necesitaréis poder escribir sobre él para anotar vuestro camino? ¿Será exclusivo para trabajo ancestral o servirá para el resto de vuestra práctica? Es importante tener claro el uso o usos que se le darán al altar. Si quiero venerar a mis ancestras y a la vez escribir un diario de los sueños en los que contacto con ellas, lo ideal sería que el altar estuviese bien iluminado y que contase con un espacio donde almacenar el diario. Pero, si voy a usar el altar como lugar de trabajo mágico, debería estar situado sobre una superficie ignífuga, o al menos tener suficiente espacio para

poner platos o bandejas que lo sean. ¡Nadie quiere que se le queme el altar con una vela dispuesta de cualquier manera!

.– 2 –.
ESCOGER UN ESPACIO

El altar puede ser muy elaborado y ocupar una habitación entera o solamente un estante. Tened en cuenta, si queréis, la dirección en la que lo situaréis. Hay personas que lo enfocan hacia su tierra natal, o tal vez hacia donde sale el sol. Pensad en un lugar que os pueda brindar privacidad y silencio si es necesario. Si vivís en un espacio compartido, intentad no situar el altar en una zona de paso donde pueda caerse sin querer. Una vez que tengáis el lugar adecuado (o si os estáis decidiendo entre dos espacios), sentaos en el suelo de esa ubicación en silencio. ¿Estáis cómodas? ¿Os sentís bien? ¿El espacio tiene una energía acogedora? Si no es del todo agradable como debería, ¿es posible solucionarlo? En el caso de que ese sea el lugar que queréis dedicar, pero aún no os sentís del todo bien en él, probad a purificarlo y recargarlo, cambiad un poco la decoración o la iluminación… ¡Tal vez sea eso lo que falle! Sentaos delante del espacio, identificad una cosa que «no está bien», cambiadla o retiradla y volved a observar el lugar.

Pero ¿qué pasa si vais a necesitar vuestro altar para realizar trabajos mágicos muy distintos?

Si queréis tener a vuestras ancestras presentes mientras hacéis magia en el jardín, pero también cuando practiquéis brujería de cocina, y no os basta con mover su vela…, entonces ¡haced un altar móvil! Una opción muy recomendable es usar un mueble que tenga ruedas (a poder ser con sistema de bloqueo para evitar accidentes).

ASÍ TAMBIÉN PODRÉIS CAMBIAR LA ORIENTACIÓN SIEMPRE QUE SEA NECESARIO.

– 3 –
PENSAR QUÉ PONDREMOS

IMÁGENES

Podéis empezar por colocar en el altar fotos o cartas de vuestras antepasadas o del lugar donde estas personas vivieron. Si no tenéis fotografías de ellas, pero se os han aparecido en sueños, intentad dibujarlas y disponed el dibujo en el altar. Por ejemplo, en mi caso, para representar a todas aquellas personas que vinieron antes que yo, tengo un par de fotos mías.

> Dependiendo de la práctica y el sistema de creencias de cada una, a ciertas personas les puede parecer una locura incluir una foto de alguien «vivo» en un altar lleno de «muertos». Para mí el altar es el punto vinculante entre mis ancestras y yo, y todas aquellas personas antepasadas que venero en él aceptan esas imágenes como representación.

OBJETOS

Visitad la zona natal de la ancestra que veneráis si encontráis el momento adecuado para hacerlo, recoged alguna piedrecita, rama, pluma u otro objeto y ponedlo donde consideréis correcto. Incluid también objetos de vuestro camino espiritual, como vuestro primer sigilo o la primera varita mágica. ¡No os olvidéis de poner objetos de aquellas personas representadas si los tenéis! Y no, no me estoy olvidando de las velas. Contáis con varias opciones a la hora de dedicar velas a vuestras antepasadas. Ponerle un velón a cada una puede ser muy estético, pero a lo mejor no es lo más práctico para vosotras. Usar varias velas largas con portavelas estrechos es una buena opción para optimizar el espacio. También podéis usar velas de té o utilizar una única vela para todas vuestras antepasadas. ¡Lo que os resulte más cómodo y correcto!

¿CÓMO SE DEDICA UNA VELA?

Hay diferentes formas de hacerlo.

INTENCIONANDO

- Tomad la vela entre vuestras manos y concentraos en la persona o personas a las que la estáis dedicando. Pensad en su nombre, en su aspecto… Si no disponéis de esta información, dedicadla a vuestras ancestras en general. Escribid un pequeño texto para acompañar este momento y así ayudar con la tarea: «Dedico esta vela a aquellas personas que vinieron antes de mí, cuya sangre hoy corre por mis venas y cuyas vidas siguen presentes en la mía», o una frase similar. Una vez más, haced lo que vuestra intuición os diga. Escribid y recitad aquello que consideréis correcto.

TALLANDO

- Inscribid en la vela el nombre o nombres a quienes esta vela va dedicada. Añadid runas o sigilos de comunicación y claridad si así lo sentís. Acompañad esto con alguna frase como las del punto anterior para intencionarla y dedicarla de forma correcta.

VISTIENDO

- Cubrid la vela con hierbas y aceites. Vestir una vela con anís (ofrenda a los espíritus), pimienta negra (protección y claridad de pensamiento) y aceite de romero (purificación y recuerdo) es una buena opción para dedicarla a esa ancestra con la que queremos una comunicación clara, enriquecedora y segura.

- Para que las hierbas se adhieran bien a la cera, calentad un poco su superficie con otra vela, disponed las hierbas en un plato y «rodad» la vela que estáis preparando por encima de las hierbas. Tened un enorme cuidado al encender estas velas, dado que son tremendamente inflamables. Disponedlas encima de una superficie ignífuga, como una bandeja o un plato de barro, y aseguradlas bien en un portavelas estable si fuese necesario. Al encenderlas, tened siempre cerca un recipiente amplio que pueda cubrir la vela entera para ahogar la llama por completo. Os puedo sonar muy paranoica, pero creedme... ¡No sabéis la de veces que casi quemo mi altar sin querer!

DECORANDO

- Si no queréis correr el riesgo de vestir la vela, pero os apetece añadirle un «extra» a vuestra vela dedicada, tomaos libertades artísticas. Decorad el portavelas con hierbas y minerales. Si no os parece suficientemente seguro, poned vuestra vela en un portavelas simple y colocadlo encima de un plato pequeño donde podáis añadir los objetos. ¡Sirve a la vez como platito para pequeñas ofrendas!

A la hora de escoger una vela, hierbas o decoraciones para una antepasada, podemos hacer coincidir nuestra selección con sus gustos. No dudéis en poner una vela de su color y aroma favorito, o incluir hierbas nativas de la zona donde vivió.

.– 4 –.
REALIZAR OFRENDAS

¿Cuándo hacemos una ofrenda? Muy buena pregunta. Si estáis empezando a contactar con vuestras antepasadas, haced una ofrenda si lo sentís adecuado. Añadid una pequeña copa de vino o un par de nueces. ¡Incluso fruta! Consultad el significado de ciertas frutas y frutos secos en el capítulo 5. Os aconsejo que, si hacéis peticiones, intentéis dar algo a cambio. Una ofrenda no tiene por qué ser material. Aquí os ofrezco unas cuantas ideas:

UNA CANCIÓN

Sí, cantad o ponedle una canción a vuestras personas antepasadas. Componedla vosotras mismas, interpretadla en voz alta o buscadla en internet. Estos temas pueden relatar aquello que nuestras antepasadas hicieron en vida, el aprecio que les tenemos e incluso cuánto las echamos de menos. También podemos cantar sobre la tierra de donde vienen, reproducir canciones o músicas tradicionales de esa zona… ¡Incluso podemos poner sus canciones preferidas si las conocemos!

UN BAILE

En efecto, os sugiero bailarle a vuestras ancestras. Ya que ponéis sus canciones preferidas, moved un poquito el cuerpo y conectad con esa música. Cerrad los ojos, dejaos llevar e imaginad que también bailan con vosotras. Veréis cómo las llamas de las velas también se mueven al ritmo de la música.

UNA ACTIVIDAD

Ofreced el hecho de empezar a practicar alguna tarea nueva. Si en su vida se dedicaron a la costura, aprended a coser. O también, si alguna de vuestras antepasadas pintaba o escribía en su tiempo libre, buscad un tutorial de acuarela o leed poesía. Poned su nombre en el pincel o convertid su foto en un marcapáginas para tenerlas más presentes.

UNA ORACIÓN

Personalizad un texto para vuestras ancestras y recitarlo de vez en cuando. Si habéis pensado en trabajar de forma regular con ellas, a modo de «compromiso», reservad un día de la semana (o un momento de cada día) para hacerlo. Yo personalmente, cuando necesito una gran ayuda de mis ancestras durante un largo periodo de tiempo, realizo una novena. Las tres bisabuelas a las que se la dedico eran mujeres religiosas, practicantes de diferentes formas del catolicismo (dos pertenecieron a la rama más folclórica y mística, y la otra a la más tradicional). Por lo tanto, dedicarles una novena siempre es buena opción, aunque yo no sea católica. A veces el texto con el que rezo sí es religioso, pero otras veces es escrito por mí y dedicado concretamente a ellas, así que lo único que mantengo es el formato de rezar durante nueve días.

> Al hacer una ofrenda física como, por ejemplo, una fruta o un trocito de pastel, dejadla en el altar tanto tiempo como consideréis conveniente. En cuanto pierda el buen aspecto, enterrad la ofrenda en el jardín, tiradla a la basura, compostadla...

COMUNICACIÓN

La posibilidad de recibir mensajes de nuestras ancestras es algo crucial en ciertos momentos. Y no solo tenemos que poder recibirlos, sino también ser capaces de interpretarlos. Es genial cuando una persona es clariaudiente y puede simplemente escuchar las respuestas a las preguntas que formula, pero no siempre es el caso.

TENIENDO ESTA HABILIDAD O NO, NUNCA ESTÁ DE MÁS CONOCER MÉTODOS DE COMUNICACIÓN: POR SI NECESITAMOS CONFIRMACIÓN, POR SI LA INFORMACIÓN SE QUEDA CORTA Y NECESITAMOS ALGÚN DETALLE...

Antes de empezar quiero hacer un pequeño recordatorio. Estáis tratando con entidades que pueden ser desconocidas.

NO HAY QUE TEMER, SINO SOLO TENERLE RESPETO A LA PRÁCTICA

No recomiendo establecer una comunicación extensa si no os habéis asegurado de que verdaderamente son vuestras antepasadas quienes responden. ¡Que no haya prisa para establecer una conexión fuerte y fiable! Haced mucho caso a las señales que os lleguen y a vuestra intuición. Si, en un sueño, vuestro «abuelo» os llama por un sobrenombre que no era vuestro, es muy probable que no sea él.

¡NO OS ASUSTÉIS! HAY ENTIDADES QUE SE DEDICAN A HACERSE PASAR POR OTRAS, O TAL VEZ HABÉIS ESTABLECIDO LA CONEXIÓN CON LA PERSONA EQUIVOCADA.

Actuad con mucha calma, decid adiós, quemad hierbas como el enebro, el muérdago y el gordolobo con las ventanas bien abiertas (son hierbas con propiedades protectoras y exorcizantes), daos un baño purificador y tomaos vuestro tiempo para recargar energías. También podéis tomar el sol, escuchar una música que os guste y, de paso, renovar las protecciones de vuestro espacio si así lo consideráis.

Y, ahora sí, podemos empezar. Antes hemos hablado de cómo usar los sueños para obtener respuestas o información, pero aprovecho para proponeros algunos métodos más.

·— HACER GARABATOS —·

Sí, sí, suena simple, pero el resultado de este ejercicio me ha sorprendido más de una vez. Relajaos, sentaos cerca de vuestro altar y cerrad los ojos. Sujetad un bolígrafo sobre un papel y concentraos en vuestra pregunta. Garabatead de forma intuitiva sobre el papel hasta que hayáis «transcrito» todo el mensaje. ¿Cuál ha sido el resultado? Apuntad todo lo que veáis: caras, letras, plantas… La interpretación a veces es complicada, y en otras ocasiones resulta muy sencilla. ¡Tened paciencia!

·— USAR VELAS —·

La velomancia conforma una parte importante de la práctica de muchas brujas, y puede servirnos para recibir e interpretar mensajes. Para ello, evidentemente, hay que saber leer las velas. A veces, al caer la cera, esta conforma figuras animales o humanas, e incluso letras y caras. Estad muy atentas y fotografiad estas figuritas siempre que sea posible. Cada persona tiene su manera de interpretarlas: a veces el significado está relacionado con la simbología de la figura, otras veces es una respuesta clara… Yo, que le dedico velones a mis ancestras, leo la llama de sus velas. Claro que me fijaré en el poso que deje la cera cuando la vela se consuma por completo, pero con un velón no es nada rápido llegar a ese punto. Podéis establecer un estándar para obtener respuestas a preguntas de sí y no, como, por ejemplo, hacer crecer la llama para afirmar y menguarla para negar. Y por si queréis interpretar un poquito más allá…

LECTURA DE LA LLAMA

- **Extinción inesperada de la llama:** fracaso y problemas graves.

- **Luz pequeña en la mecha:** prosperidad y éxito. Ingresos inesperados y buena suerte.

- **Aumento rápido de la luz emitida por la llama:** advierte de peligros, malas compañías, y pésimos resultados. Invita a replantear los objetivos y a reflexionar sobre aquello que podríamos mejorar.

- **Varios puntos de luz en la mecha:** un nuevo inicio, descubrimientos importantes.

- **Chasquido (sin chispas):** posibilidad de problemas o accidentes.

- **Chispas:** equivocaciones y errores de cálculo que retrasarán nuestros objetivos.

- **Llama de derecha a izquierda:** poca prosperidad y mala suerte.

- **Llama de izquierda a derecha:** buena suerte, noticias agradables.

- **Llama en zigzag:** traición por parte de alguien cercano. Proyectos inacabados.

- **Elevación rápida de la llama:** éxito en el amor y en los proyectos. Reconocimiento.

- **Elevación y descenso rápido de la llama:** problemas y altibajos en las relaciones. Si ya hay desequilibrio, anuncia su fin.

– ⁚ – EMPLEAR LAS CARTAS – ⁚ –

Podéis usar tanto el tarot como cualquier otra herramienta de cartomancia, como, por ejemplo, oráculos, para obtener respuestas. El
resultado siempre será más preciso si usáis una baraja que cubra las
«necesidades comunicativas» de la conversación. Así, si quiero recibir
opinión sobre cómo estoy gestionando un problema, no usaré una
baraja de oráculo especializada en «cuándo pasará algo», dado que
eso no es lo que necesito saber.

Considero mis herramientas de adivinación como
«teléfonos», y la que más empleo son las cartas. Por una
mezcla entre practicidad y pereza, tengo una baraja de tarot
para cada tema. Es el medio con el que conecto con algo (o
alguien), y se me haría eterno tener que estar «llamando a
un número diferente» cada vez que quiero cambiar de uso.
Por lo tanto, uno de mis tarots está intencionado en
exclusiva para comunicarme con mis ancestras. No tenéis por
qué tener una baraja para cada tema, pero es un recurso útil.

TIRADA ANCESTRAL

Esta tirada es una de las que más empleo. Ya llevo un tiempo trabajando con mis ancestras, pero aun así esta tirada es bastante flexible. Recordad que podéis diseñar vuestras propias tiradas, y de esta manera adaptarlas completamente a vuestra situación.

1 ¿Qué ancestras están presentes?

2 ¿Cuál es vuestro vínculo hacia mí?

3 ¿Qué he heredado de vosotras?

4 ¿Qué esperáis de mí?

5 ¿Cómo puedo veneraros?

6 ¿Tenéis algún mensaje o advertencia para mí?

CAPÍTULO 4

EN EL ARMARIO

Por si aún no lo habéis notado, soy muy fan de la magia que se puede hacer con cosas comunes. Con la intención y los encantamientos adecuados, cualquiera de vuestros objetos puede ser mágico. ¡Y la ropa que llevamos no iba a ser una excepción! Usar aquello que nos ponemos como una forma más de brujería puede llegar a ser muy elaborado.

LA VESTIMENTA Y LOS ACCESORIOS, EFECTIVAMENTE, SON UNA FORMA MÁS DE BRUJERÍA: SIRVEN PARA PROTEGER Y AYUDAR A DESPRENDER LA ENERGÍA QUE NECESITAREMOS DURANTE EL DÍA.

Igual que añadimos decoraciones brujiles a nuestro espacio para reflejar nuestra energía y magia, aquello que nos ponemos también puede tener un papel importante en nuestros rituales. Un *outfit* bien pensado se convierte en nuestro mejor aliado en una entrevista de trabajo y modifica la percepción que tienen el resto de las personas sobre nosotras. No hablo de ir bien vestidas, sino de ir bien encantadas.

El *glamour* (o fascinación) es aquel hechizo que proyecta la energía e imagen que deseamos, e influye en lo que perciben las demás personas de nosotras. Para hacer un *glamour* podemos usar diversos elementos, solamente nuestra crema hidratante o bien la combinación de absolutamente todo lo que nos pongamos y utilicemos al prepararnos.

ESTO INCLUYE DESDE LOS COLORES Y TEJIDOS DE LA ROPA HASTA EL PERFUME Y LA JOYERÍA.

No es necesario encantar cada una de las piezas que usemos, sobre todo si le vamos a dar un uso diferente en el futuro, ni hacer aceites y ungüentos específicos para magia *glamour* cuando nos estamos iniciando en la práctica. Con establecer una intención clara es suficiente para empezar.

1 Reflexionad un poco sobre la intención del *glamour* o la finalidad de este, y apuntad vuestra reflexión en un papel para tenerla presente. Si queréis, añadid una oración para establecer mejor lo que deseáis.

2 Tomad cada una de las piezas de ropa o joyas, etc. entre las manos justo antes de ponéroslas y concentraos en vuestra intención. Recitad la oración conforme os vais vistiendo.

3 Haced coincidir significados e intenciones. No hace falta intencionar todos los elementos del *look*, pero sí es muy aconsejable que aquellos elementos intencionados tengan cierta coherencia. Puedo llevar telas con significados muy diferentes, como el chifón y el denim, pero rara vez convertiré a ambos en elementos «activos» de un *glamour*.

LOS COLORES

Son muy fáciles de incluir en un *glamour*. Podemos basar la paleta de colores de nuestra vestimenta en ciertas tonalidades, dependiendo de la intención. Aquellos colores intencionados deben tener un sentido «trabajando juntos».

- **Blanco:** paz, pureza, espiritualidad, «yo superior».

- **Amarillo:** alegría, aprendizaje, memoria, esperanza.

- **Naranja:** ambición, éxito, justicia, nuevas oportunidades.

- **Rojo:** pasión, fuerza, coraje, carisma, energía vital.

- **Rosa:** sanación emocional, amor, amistad.

- **Morado:** sabiduría, intuición, habilidades psíquicas, conocimiento oculto.

- **Azul:** comunicación, calma, inspiración, creatividad, sanación.

- **Verde:** abundancia, naturaleza, sanación, fertilidad.

- **Marrón:** estabilidad, familia, protección del hogar.

- **Negro:** protección, destierro, absorbe negatividad.

NO HACE FALTA QUE VUESTRA INTENCIÓN INCLUYA TODO EL LISTADO DE SIGNIFICADOS DE UN MATERIAL O MINERAL. QUEDAOS ÚNICAMENTE CON AQUELLAS CORRESPONDENCIAS QUE SEAN NECESARIAS.

LAS TELAS

Cada tela, por los materiales que la componen y el uso que se le da (o se le ha dado a lo largo de la historia), tiene unas correspondencias y significados diferentes.

- **Algodón**: protección, buena suerte, sencillez, cosecha.
- **Cachemir**: lujo, calidez, comodidad.
- **Cáñamo**: trance, abrir puertas y ventanas, viaje, entierro, visión.
- **Chifón**: elegancia, delicadeza, vulnerabilidad.
- **Cuero**: instinto, cobertura, protección.
- **Denim**: independencia, rebeldía, durabilidad, trabajo.
- **Encaje**: dualidad, sensualidad, privilegio, sacralidad.
- **Fieltro**: protección, sacrificio, fuerza.
- **Franela**: calidez, comodidad, relajación.
- **Gasa**: curación, incertidumbre en la riqueza.
- **Lamé**: lujo, riqueza, realeza.
- **Lana**: renovación, esperanza, durabilidad, calidez.
- **Lino**: riqueza, lujo, elegancia, pureza, descanso, luz.
- **Lona**: creatividad, nuevos comienzos, posibilidades, potencial.
- **Satén**: amor, sensualidad, brillo.
- **Seda**: prestigio, transformación, lujo.
- **Terciopelo**: sensualidad, distinción, honor, liderazgo.
- **Voile**: revelación, secretos, lo oculto.

CALCETINES DEL BUEN CAMINO

Dificultad:	II	**Necesitaremos:**
Tiempo:	IV	◎ 150 g o 300 m de lana (aprox., depende del tipo de lana).
		◎ 1 ganchillo (adecuado para el grueso de la lana).
		◎ 1 aguja lanera (de ojo grande).
		◎ Tijeras.

La magia de nudos es una de las más tradicionales ¡y puede tomar muchas formas! Un nudo permite atrapar energías concretas y construir un hechizo. Al tejer una prenda intencionando, esta obtiene una finalidad mágica. A mí me gusta usar el ganchillo. Para esta manualidad, escoged una lana cuyo color corresponda con la finalidad mágica que deseáis. Formulad una pequeña oración y repetidla conforme tejéis.

«Guiadme por el buen camino
y poned mis pies sobre la tierra correcta.
Que ninguno de mis pasos sea en vano
y que me acerquen a la destinación correcta.
Toda esta magia
me lleva hacia el cariño,
me dirige hacia el amor,
acorta, cada vez más,
la distancia entre la persona correcta
y yo».

Hacemos una cadeneta tan larga como ancho sea nuestro tobillo. Debe tener un número par de puntos. Añadiremos un punto extra al terminar esta y cada una de las filas («punto de vuelta», añade altura). Luego tejemos sobre la cadena, insertando el ganchillo en el primer punto de la fila anterior, agarrando la lana con el ganchillo

TOBILLO

EMPEINE

PUNTA

PLANTA

TALÓN

y pasándola por dentro de los hilos que tenemos en el gancho («punto simple» o «punto bajo», pero podéis usar cualquier otro).

Tejemos en forma de rectángulo hasta que este cubra tanto tobillo como deseemos (entre 3 y 5 cm). Hacemos un nudo al terminar y cortamos la lana. Para hacer la parte del pie, contamos los puntos del rectángulo, los dividimos en cuatro partes iguales y anudamos la lana para tejer en los dos cuartos del centro. Cuando esta parte del calcetín tenga el mismo largo que el empeine, hacemos la punta. Para «estrechar», lo mejor es hacer el «punto de vuelta» después del penúltimo punto.

Tras estrechar 1 o 2 cm por lado, tejemos un par de filas y empezamos a «recuperar» los puntos eliminados para hacer la parte de la planta del pie. Tejed dos veces en el mismo punto al terminar una fila (el punto final que toca y el que añadimos). Haced tantas filas aumentando puntos como hicisteis disminuyéndolos. Apuntad el número de filas y puntos por fila para controlar las medidas y replicarlas en el otro calcetín. Al llegar al número de puntos por fila deseado, tejemos la parte de la planta hasta el talón. Ahí estrechamos un par de centímetros cada lado y luego añadimos ancho hasta recuperarlo.

Hacemos un nudo y cortamos el hilo. Con la misma lana y una aguja, cosemos los lados del talón para que quede una curva que lo envuelva bien. Cosemos los extremos de la banda del tobillo para que quede redonda. Y cerramos los laterales cosiendo desde la punta. Al llegar a la zona del talón, la coseremos con cuidado a la banda del tobillo. Damos la vuelta al calcetín para que las costuras queden dentro. Para asegurar estas uniones, usad el punto de ojal.

PUNTO DE OJAL

Podéis hechizar cualquier cosa que tejáis o remendéis.

CRISTALES

ÁGATA

- Estabiliza y asienta energías, equilibrio, armonía, adaptación, concentración, resuelve tensiones, elevación de la conciencia, crecimiento espiritual.
- Hay ágatas de diversos colores, y cada uno tiene propiedades específicas. Por ejemplo, el ágata verde potencia la flexibilidad emocional y es genial para tomar decisiones y resolver disputas. También hay muchas variedades, como el ágata de fuego o el ágata de cinta azul.

AGUAMARINA

- Coraje, calma, relajación de la mente, tolerancia, apoyo, percepción, comunicación, sensibilidad, intuición, clarividencia, protección del aura.

AMATISTA

- Paz, relajación, espiritualidad, intuición, recuerdos, sueños, equilibrio emocional, meditación, protección de la mente.
- Este cristal es uno de los más comunes dentro del mundo de la brujería. Personalmente, me encanta tener una amatista cerca mientras leo el tarot, y también cuando quiero tener sueños significativos y recordarlos bien.

ÁMBAR

○ Sanación, purificación, protección, estabilidad, equilibrio, motivación, sabiduría, intelecto, transmuta energías negativas en positivas.

○ A diferencia de la mayoría de los cristales del listado, técnicamente el ámbar no es un cristal. Es resina de árbol solidificada y fosilizada. Aun así, gracias a su proceso de formación, tiene intensas conexiones con la tierra. ¡Podemos encontrar piezas de ámbar con insectos o vegetación atrapados dentro!

APATITA

○ Inspiración, manifestación, creatividad, conocimiento, pasión, comunicación, pasado y futuro, dones psíquicos, meditación.

○ Este mineral se encuentra en diversos colores, y estos tienen sus cualidades específicas. La apatita azul potencia la comunicación grupal y ayuda a hablar en público.

AVENTURINA

○ Prosperidad, creatividad, bienestar, compasión, empatía, perseverancia, posibilidades, estabilidad mental, recuperación emocional.

○ Dependiendo del color de este mineral, tendrá unas propiedades específicas u otras. La aventurina verde es una gran reconfortante y la aventurina azul sana la mente.

AZABACHE

- Protección, estabilidad, experiencias psíquicas, alivia miedos, control propio, equilibra emociones.
- Igual que el ámbar, el azabache no es un cristal. Está formado por madera fosilizada y tiene una apariencia similar al carbón. Se ha usado como talismán y amuleto desde hace miles de años.

CALCEDONIA

- Hermandad, estabilidad, buena voluntad, alegría, reflexión interna, armonía del cuerpo y la mente, disipa las energías negativas.
- Los diferentes colores en los que encontramos este mineral le otorgan atributos específicos. Por ejemplo, la calcedonia azul fomenta la creatividad y la flexibilidad mental, y la calcedonia roja da fuerza y persistencia para alcanzar nuestras metas.

CITRINO

- Felicidad, purificación, regeneración, energía, creatividad, protección, intuición, abundancia, manifestación, superación de los miedos.
- Es un cristal considerado talismán de la buena suerte en los negocios para aquellas personas que tienen uno.

CORNALINA

- Anclaje, toma de tierra, estabilidad, vitalidad, motivación, creatividad, percepción, protección contra la envidia, calma enfados.

Antiguamente se usaba para acompañar y proteger a los muertos en su viaje al más allá. Sus colores específicos le otorgan cualidades adicionales. La cornalina rosa mejora las relaciones familiares y recupera la confianza, y la cornalina roja es la perfecta aliada para combatir la pereza.

CUARZO AHUMADO

Protección, dejar ir, pensamiento pragmático, toma de tierra, calma en momentos difíciles.

CUARZO BLANCO

Armonía, protección, purificación, concentración, memoria, capacidades psíquicas, puede desarrollar casi cualquier función.

CUARZO ROSA

Amor, paz, romance, vínculos, amor propio, esencia, calma, armonía, sentimientos, perdón, elimina bloqueos sentimentales, alivia el dolor sentimental.

TODOS LOS CUARZOS COMPARTEN CIERTAS CARACTERÍSTICAS, Y ADEMÁS TIENEN OTRAS ESPECÍFICAS. EL CUARZO ES SANADOR Y AMPLIFICADOR DE ENERGÍA, ADEMÁS DE PROTECTOR, Y PUEDE SER PROGRAMADO DE MUCHAS MANERAS.

DIAMANTE

- Pureza, vínculos, amor, nuevos comienzos, imaginación, compromiso, riqueza, amplificación de energía, reduce miedos, claridad mental.

ESMERALDA

- Amor, lealtad, amistad, inspiración, paciencia, equilibrio, fuerza, sanación, memoria, comprensión, clarividencia, habilidades psíquicas.
- En el dedo meñique, el anular o en el brazo derecho transmitirá sus cualidades a la persona portadora. Aquellas esmeraldas opacas no se recomiendan para fines como crear equilibrio mental.

FLUORITA

- Limpieza áurica, estabilidad, imparcialidad, estructura, subconsciente, aprendizaje, expulsa tensiones, gran protección (sobre todo, psíquica).
- Hay muchas variantes de color, y cada una recibe propiedades específicas. Por ejemplo, la fluorita violeta es genial para darle sentido común a la comunicación psíquica, y la fluorita azul potencia la creatividad (además de calmar o revitalizar la energía según sea necesario).

HEMATITA

- Toma de tierra, protección, concentración, armonía, equilibrio, fuerza, confianza, expansión, ayuda en asuntos legales, protección en viajes astrales.

JADE

- Serenidad, pureza, estabilidad, sueños, ideas, abundancia, liberación emocional, alivio mental, conocimiento oculto.
- Hay una gran variedad de colores de jade, siendo el más común el verde, y cada uno tiene propiedades diferentes. El jade rojo, por ejemplo, está asociado con el amor y la pasión, y es un gran estimulante.

JASPE

- Protección, unificación, comunidad, honestidad, tranquilidad, plenitud, apoyo, alineación, coraje, determinación, pasión.
- Podemos encontrar jaspe en diversos colores y variantes, con sus propiedades concretas. Por ejemplo, el jaspe púrpura elimina las contradicciones, el jaspe marrón da mucha estabilidad y ayuda con la meditación, y el jaspe amarillo protege durante el trabajo mágico y espiritual.

LABRADORITA

- Protección, alineación, intuición, sabiduría, imaginación, calma mental, dones psíquicos, elevación de la conciencia, conocimiento místico.
- La labradorita amarilla ayuda con la visualización, la canalización, el trance y la clarividencia.

LAPISLÁZULI

- Armonía, amor, amistad, paz, protección, trabajo de sueños, habilidades psíquicas, viaje espiritual, expresión de sentimientos, disuelve ataduras emocionales.

MALAQUITA

- Protección, transformación, viaje espiritual, mensajes, responsabilidad, amplifica energías, expresión de sentimientos, curación emocional.
- Es una piedra tóxica, y solo recomiendo usarla en su forma pulida, dado que el polvo que desprende puede ser muy peligroso si es inhalado. También tiene una energía peculiar y poderosa que, a veces, puede llegar a ser abrumadora. Trabajad con cuidado ¡y no os forcéis si sentís que algo no va como debería!

MOLDAVITA

- Elimina bloqueos, soluciones poco convencionales, acelera el crecimiento espiritual, potencia otros cristales, viajes espirituales, comunicación con el «yo» superior.
- La moldavita es una roca cuya formación se vio afectada por el impacto de uno o varios meteoritos. El calor y la presión del impacto, además de los materiales fundidos y los diversos fenómenos del impacto, tuvieron un efecto «metamórfico» en las rocas de la zona, y así dieron lugar a la moldavita. Este mineral tuvo un momento protagonista en las redes sociales entre 2020 y 2022. Las personas que la portaban relataban que su vida había dado cambios drásticos y trágicos «por culpa de este mineral». Pese a que la moldavita resuelve conflictos y bloqueos de formas inesperadas, no tiene por qué pasar nada tan negativo si se intenciona de la forma correcta.

OBSIDIANA

- Protección, escudo, verdad, claridad, expansión de la conciencia, trabajo de sombras, toma de tierra, gran poder; expone fallos, debilidades y bloqueos.

Hay muchas variedades de color en la obsidiana, dado que el proceso de formación es debido al rápido enfriamiento de lava, la composición magmática varía dependiendo de la localización del volcán, etc. Es un cristal de gran energía, tanta que puede resultar abrumadora. Es literalmente un arma de múltiple filo. Igual que sirve para aclarar ciertas situaciones, es capaz de sacar a la superficie verdades dolorosas y desagradables. Por lo tanto, debe ser empleada con precaución, una vez que ya tengamos experiencia trabajando con otros minerales.

OJO DE TIGRE

- Protección, objetivos, necesidades, toma de tierra, autoestima, creatividad, equilibrio, cambio físico.
- Es empleado en amuletos y talismanes desde hace mucho tiempo, debido a su capacidad de proteger contra maldiciones y malas voluntades. Su forma más conocida es la dorada u ocre, pero el ojo de tigre se presenta también en otros colores. Mi preferido es el ojo de tigre azul, capaz de calmar el mal humor.

ÓPALO

- Protección, originalidad, autoestima, creatividad, visiones, amplificación, amor, deseo, ayuda a expresar emociones.
- Encontramos una amplia gama de colores de ópalo, con sus correspondientes propiedades específicas. Mi preferido es el ópalo fuego porque, además de bonito, es un gran protector de peligros y potencia el poder de cada persona.

PIRITA

- Protección, escudo energético, energía, diplomacia, autoestima, confianza, actividad mental, salud y bienestar.

RUBÍ

- Abundancia, riqueza, pasión, vitalidad, energía, estimulación, equilibrio, motivación, protección.

SELENITA

- Purificación, limpieza, claridad mental, estabilidad, luz, paz, meditación, trabajo espiritual, comprensión.
- Se puede encontrar en diversos colores; la selenita de color azulado es mi preferida dado que ayuda a revelar el centro de cualquier problema.

TOPACIO

- Curación, empatía, verdad, alegría, generosidad, perdón, manifestación, luz, objetivos, confianza, estabilidad emocional, alivia la duda, resolución de problemas.
- Encontramos topacios en una amplia gama de colores. Los dos que más me gustan son el topacio azul, muy adecuado para conectar con el «yo superior», y el topacio dorado, que hace de «batería» para nuestra energía.

TURMALINA

- Purificación, limpieza, transformación, toma de tierra, equilibrio, sanación, inspiración, compasión, tolerancia.
- La turmalina se puede presentar en una variedad de colores, y yo personalmente la que más uso es la turmalina negra, que aporta neutralidad objetiva, además de estimular la creatividad.

TURQUESA

- Purificación, protección, bienestar, sanación, sintonía, fortaleza, calma, estabilidad emocional.

ZAFIRO

- Calma, mente, sabiduría, serenidad, paz mental, autoexpresión.
- Cada color tiene su propia lista de atributos. Por ejemplo, el zafiro azul está asociado con el amor y la pureza, y es usado para transmutar energías negativas; el zafiro amarillo atrae la riqueza y, al colocarlo donde almacenamos el dinero, incrementa los ingresos.

METALES

ORO

- Sol, abundancia, fortuna, felicidad, lujo, poder, protección.

PLATA

- Intuición, magia lunar, sabiduría, verdad, sensibilidad, protección psíquica.

BRONCE

- Sanación, canalización energética, estabilidad financiera.

LATÓN

- Pasión, deseo, energía, regeneración, juventud.

ELIXIR MINERAL

El «elixir mineral» no es más que agua infusionada con minerales, para absorber sus cualidades cuando la bebemos. Hay algunos cristales que son seguros para esta práctica, como los cuarzos (sobre todo si están bien pulidos), dado que no son solubles. Otros, en cambio, sí se disuelven en el agua y la pueden contaminar. ¿Significa esto que no podemos hacer elixir de malaquita? ¡No!

Para hacer un elixir mineral necesitaremos:
- Un mineral.
- Un contenedor hermético (tarro, bote…) purificado.
- Un recipiente grande purificado.
- Agua potable.

En primer lugar, tomaremos nuestro mineral (cargado de forma previa si fuese necesario) y lo introduciremos en el contenedor. Lo cerraremos bien y luego lo pondremos dentro del recipiente. Después, llenaremos el recipiente con agua, y visualizaremos cómo esta se impregna de la energía del mineral. Por último, retiraremos el contenedor con el mineral, y pasaremos el agua del recipiente a una botella para consumirla con facilidad.

En ciertas tiendas podéis encontrar botellas de cristal con una especie de «doble fondo cerrado» que facilita este proceso. Se introducen los minerales por una apertura inferior a un compartimento cerrado, y el agua por la apertura superior. Puede ser una buena herramienta para aquellas personas que hagan elixir mineral de forma habitual. Personalmente, para lo poco que elaboro elixir… ¡prefiero el método del bote!

ENCANTAR JOYERÍA

En el caso de que queráis recibir una energía concreta de una joya, y deseéis ser más específicas e ir más allá de la intención, es posible encantar la pieza.

Para encantar joyería necesitaremos:
- Una finalidad clara.
- Una pequeña oración que acompañe la finalidad.
- Nuestra joya.
- Tres hierbas distintas que coincidan con la finalidad.
- Tres minerales distintos que coincidan con la finalidad.
- Cinta o hilo de un color que coincida con la finalidad.

Primero, escogeremos un día y un momento de este para realizar nuestro pequeño ritual. ¿Hay alguna fase lunar cuya energía sería beneficiosa para hacerlo?

Comenzaremos (en un espacio ya purificado y usando la protección necesaria) situando la joya en el medio de nuestro espacio de trabajo. Colocaremos las hierbas y minerales a su alrededor, formando un círculo. Después, rodearemos el círculo que acabamos de hacer dando tres vueltas con la cinta. Mientras realizamos los diferentes pasos del ritual, recitaremos varias veces nuestra oración o afirmación, visualizando cómo la energía de los elementos de alrededor se transmite a nuestra joya. Para una joya de amor propio, podríamos decir algo como lo siguiente:

«Veo mi propia belleza,
amo cada centímetro de mi piel,
me respeto de los pies a la cabeza
y me quiero cien veces cien».

PARA CONECTAR MÁS CON EL RITUAL, Y PERSONALIZARLO AL MÁXIMO, ESCRIBID VOSOTRAS MISMAS LA ORACIÓN.

Una vez que terminéis, deshaceos de las hierbas y la cinta, y purificad y recargad los minerales. ¡Vuestra joya estará lista entonces para ser usada! Repetid la oración del encantamiento cada vez que os la pongáis, para mantenerlo.

Es probable que necesite ser «recargada» en algún momento. Cuando lo consideréis, exponedla a la luz de una fase lunar correspondiente, o volved a rodearla de las hierbas y minerales usados durante el encantamiento. Purificadla previamente si lo sentís necesario.

Podéis encantar (o intencionar) perfume. El resultado será mejor si hacéis coincidir las notas olfativas principales de este con la finalidad o intención que queráis.

CAPÍTULO 5

DEL JARDÍN A LA DESPENSA

EL CIELO
EN EL JARDÍN

·– LA LUNA –·

El gran satélite terrestre ha sido una herramienta más a la hora de cultivar desde hace mucho mucho tiempo. Seguir el ciclo de la Luna mientras cuidamos de nuestras plantas, o cuando realizamos cualquier otra labor (ya sea mágica o no), nos ayuda a sintonizarnos con la naturaleza.

La idea básica detrás de esta práctica es que las fases lunares afectan el crecimiento de las plantas. La fuerza gravitacional de la Luna puede condicionar la humedad de la tierra, igual que provoca que las mareas suban o bajen. ¿Cuántas veces habéis oído que el pelo se debe cortar en luna creciente para que crezca rápido, y en menguante para que crezca fuerte? Pues se dice que las semillas absorben más agua durante la luna llena, cuando la humedad sube a la superficie. Así, las semillas se hinchan, tienen una germinación óptima y dan como resultado una planta mejor asentada. Podemos encontrar información más específica de la Luna, el Sol, su posición astrológica y sus influencias en los almanaques.

¡SI ADQUIRÍS O CONSULTÁIS UN ALMANAQUE, INTENTAD QUE SEA LOCAL! ASÍ LA INFORMACIÓN SERÁ MÁS ESPECÍFICA A LA ZONA EN LA QUE CULTIVÁIS.

MITAD CRECIENTE
DESDE LA LUNA NUEVA
Y HASTA LA LUNA LLENA

Es el momento ideal para plantar aquellas plantas que necesiten de crecimiento «hacia arriba». En este grupo entran flores anuales, especias y especímenes frutales y vegetales que dan cultivos por encima del suelo. También es la ocasión para podar y cuidar aquellas plantas de las que queramos ver más crecimiento.

LUNA MENGUANTE
Ceremonias de agradecimiento, revisión de los objetivos y metas planteados en la luna nueva.

LUNA NUEVA
Nuevas metas y objetivos, limpieza y purificación, hechizos de destierro

LUNA CRECIENTE
Manifestación, hechizos de fortuna en el trabajo y de dinero.

CUARTO CRECIENTE
Rituales de sanación, hechizos de atracción de amor y suerte.

CUARTO MENGUANTE

Hechizos y rituales de justicia, descanso.

GIBOSA MENGUANTE

Limpieza energética, rituales de protección, hechizos de destierro.

LUNA LLENA

Energía muy potente y poderosa que se puede usar para cualquier hechizo.

MITAD MENGUANTE

DESDE EL DÍA DESPUÉS DE LA LUNA LLENA Y HASTA EL DÍA ANTERIOR A LA LUNA NUEVA

Es la fase oportuna para plantar aquellas plantas que necesiten crecer «hacia abajo». En este grupo están las flores bienales y perennes, bulbos y especímenes que se cultivan bajo tierra. También es el momento para tratar problemas de raíces.

GIBOSA CRECIENTE

Cualquier hechizo de luna creciente, preparación para la luna llena (meditación, descanso).

LOS ASTROS
Y EL ZODIACO

Cuando tenemos en cuenta las energías y los significados de las correspondencias zodiacales de cada planta para crear nuestro jardín, podemos alinear la energía de este con aquello que necesitemos. El jardín nos puede aportar vitalidad, calma, rejuvenecimiento... Para construir el espacio verde perfecto podéis usar plantas correspondientes a los signos que dominen vuestra carta astral, pero no os limitéis únicamente a eso.

INCLUID AQUELLAS QUE SEAN COMPLEMENTARIAS A VUESTRA ENERGÍA, QUE OS RESULTEN ÚTILES O QUE, SIMPLEMENTE, OS PAREZCAN BONITAS.

¿Y qué pasa si no tenemos jardín? Absolutamente nada. Buscad un espacio donde colocar algunas plantas; por ejemplo, un rinconcito en el suelo o una estantería vacía. Incluso la repisa de la cocina es buen lugar para tener tres o cuatro macetas; así siempre tendréis a mano especias frescas para vuestras recetas.

SOL

- Generosidad, asuntos legales, curaciones, protección, energía, optimismo.

- Las plantas cuya correspondencia es el Sol, o el signo al que este astro rige (Leo), adquieren sus características y las impregnan en nuestro jardín. Para representar a Leo y al Sol en nuestro espacio natural necesitaremos elementos adecuados: un arco de flores amarillas, jarrones de tonalidades doradas llenos de girasoles, una cortinilla de cuentas de ámbar… ¡Las posibilidades son infinitas!

LUNA

- Sueños, ocultismo, fertilidad, curación, sensibilidad, romanticismo.

- Las plantas lunares, o correspondientes a Cáncer (el signo que rige la Luna), son perfectas para quienes quieran añadir misticismo a su espacio. Si deseamos representar a la Luna y a Cáncer, necesitaremos flores de tonalidades blancas, para que reflejen la luz lunar. También podemos cosechar frutas redondas y densas en agua (como la sandía) o plantas como el galán de noche, que se abre durante la noche y nos regala su fragancia a tiempo para nuestro paseo nocturno.

MERCURIO

- Comunicación, dinamismo, mente, sabiduría, intereses.

- Las plantas correspondientes a Géminis y a Virgo, o al planeta que los rige (Mercurio), nos brindan toda la energía de sus correspondencias. Para representar a Géminis, Virgo y Mercurio en nuestro espacio natural podemos plantar hinojo, margaritas o lavanda. También es posible incluir adornos de cuarzo blanco tallado o una decoración de tonalidades amarillas y marrones.

VENUS

- Amor, amistad, fidelidad, naturaleza, juventud, belleza.

- Las plantas cuya correspondencia es Venus, o los signos que el planeta rige (Tauro y Libra), son algunas de mis preferidas. Si el objetivo es representar a este planeta y sus signos, podéis plantar rosas, menta, un abedul, un saúco e incluso un manzano. Las plantas de un jardín venusino requieren de bastante cuidado, y son perfectas para aquella persona que disfrute el contacto con la tierra.

MARTE

♂

- Valor, fuerza, liderazgo, deseo, exorcismo, rotura de hechizos, violencia.

- Las plantas de Marte y Aries, el signo al que rige, son perfectas para mejorar el aspecto del jardín fácilmente. Si queremos representar a Marte y a Aries en nuestro espacio plantaremos guisantes, habichuelas, ajos o pimientos. Podemos añadir más color cultivando lupino o lirios atigrados. ¡Incluso algunas velas para representar el fuego!

♃

JÚPITER

- Prosperidad, sinceridad, sociabilidad, negocios, asuntos legales, suerte.

- Las plantas de este planeta y el signo al que rige, Sagitario, son muy buena opción para incluir allá donde trabajemos. Para representar a Júpiter y Sagitario en nuestro espacio plantaremos flores de tonalidades azuladas y moradas, como las hortensias, las campánulas o los gladiolos. También podemos incluir plantas de anís e incluso un tilo. No dudéis en añadir decoraciones de lapislázuli.

SATURNO

- Ambición, responsabilidad, decisiones, visiones, desenlaces, longevidad, exorcismos.

- Las plantas correspondientes a Saturno y a Capricornio, signo al que rige, otorgan sus características a la zona en la que se encuentran. Si deseamos representar a Saturno y su signo, cultivaremos pensamientos, cola de caballo o hiedra. Añadid elementos de color añil, gris o negro. Las plantas del jardín de Saturno tardarán un tiempo en florecer, pero el resultado será duradero.

URANO

- Innovación, soluciones, revolución, desafíos, progreso.

- Las plantas correspondientes a Acuario y a Urano, su planeta regente, son perfectas para incluir el aire en nuestro espacio. Para representar a Urano y a Acuario plantaremos hierbas de suelo, orquídeas, brionias, ailanto y cualquier planta de la zona cuyas semillas se transporten por el aire. Añadid un pequeño abrevadero para pájaros y dejad los restos de las plantas que podéis en el jardín para recibir visitas voladoras.

Poned algunas ramitas allá donde dejéis recipientes con agua, para que así ningún insecto se quede atrapado dentro.

NEPTUNO

- Intuición, empatía, versatilidad.

- Las plantas de este planeta, Neptuno, y el signo al que rige, Piscis, son capaces de crear un jardín de cuento de hadas. Plantaremos musgo, berro de agua, hierbas silvestres, nenúfares y amapolas. Decorad con tanques de agua y plantas acuáticas, e incluid espejos tras las plantas para tener «ventanas» a otros jardines. Añadid cortinillas y guirnaldas hechas con cuentas de cristal para poner la guinda al espacio.

PLUTÓN

- Determinación, intuición, persuasión, regeneración.

- Las plantas correspondientes a Plutón y a Escorpio, el signo al que rige, pueden ayudarnos a crear un espacio donde regenerarnos y redescubrirnos. Para representar a Escorpio y a Plutón en nuestro espacio os sugiero cultivar dedaleras, cactus, plantas carnívoras y solanáceas. Podéis incluir un terrario o una cascada. ¡No hace falta que sea demasiado grande! Puede ser una cascada pequeña de sobremesa. Además, podéis plantar en maceteros de terracota oscura o negra para darle un toque distintivo.

HIERBAS Y ESPECIAS

ALBAHACA

- Amor, buena suerte, fortuna, dinero, relaciones, protección.

- Llenad un saquito con hojas de albahaca y llevadlo siempre cerca para atraer el amor.

- Ayuda en procesos de cicatrización, además de tener propiedades antisépticas, antioxidantes y antiinflamatorias.

ANÍS

- Protección, destierro, deseo, adivinación, juventud, belleza, sueños.

- Quemad incienso de anís mientras realizáis trabajo ancestral a modo de ofrenda.

- Ayuda con la digestión y es una hierba antiinflamatoria y expectorante.

ARTEMISA

- Purificación, adivinación, proyección, creatividad.

- Tomad una infusión que incluya esta hierba antes de hacer una tirada de tarot para ayudar con la tarea.

- Reduce los dolores menstruales, puede ayudar a regular el ciclo menstrual y alivia la fatiga.

AZAFRÁN

- Fortuna, amor, deseo, fuerza, sanación.

- Enjuagad vuestras sábanas en una infusión de seis hilos de azafrán para sanar y fortalecer vuestro cuerpo mientras dormís. (¡Cuidado, porque puede teñir el tejido! Usad una tela oscura).

- Reduce los síntomas del síndrome premenstrual, mejora la memoria y puede ayudar a personas hipertensas.

CANELA

- Espiritualidad, protección, amor, prosperidad, éxito, sanación, buena suerte.

- Espolvoread un poquito de canela por la ranura de una hucha antes de empezar a ahorrar en ella para que la riqueza siga viniendo.

- Ayuda a combatir infecciones y tiene propiedades antiinflamatorias, antifúngicas y cardioprotectoras.

Canela

Clavo

CARDAMOMO

- Amor, deseo, pasión, intimidad, vínculos.

- Combinad en vuestra infusión un poco de canela, un poco de cardamomo y diez clavos para atraer el dinero.

- Tiene propiedades antioxidantes, diuréticas, expectorantes y antiinflamatorias. ¡Además, combate el mal aliento!

CLAVO

- Protección, purificación, limpieza energética, amor.

- Pegad ocho clavos en la funda del móvil (o llevadlos cerca) para acallar rumores.

- Alivia los síntomas de resfriados y gripes debido a sus cualidades antisépticas, antipiréticas y analgésicas.

COMINO

△ ♂ ♈♏

- Protección, amor, deseo, fidelidad, paz, destierro.

- Tiene propiedades digestivas, ayuda con ciertos problemas gastrointestinales, puede mejorar los problemas de anemia y reduce los dolores musculares si es usado de forma tópica.

CÚRCUMA

- Purificación, sanación, fuerza, vitalidad, abundancia, prosperidad.

- Es una opción perfecta para realizar tinturas y tintas mágicas debido a su gran pigmento. ¡Pintad vuestros sigilos con esta especia!

- Posee enormes propiedades antiinflamatorias, además de cardioprotectoras, y ayuda con el malestar estomacal.

ENELDO

- Protección, destierro, adaptabilidad, amor, deseo, abundancia, vínculos.

- Facilita la digestión y tiene propiedades carminativas y diuréticas. Alivia los dolores menstruales y es rico en vitamina C.

ESTRAGÓN

- Sanación, protección, destierro, calma, amor, suerte.

- Alivia el dolor estomacal y facilita la digestión por su alto contenido en fibra. Puede ayudar con el dolor de garganta y de cabeza, las molestias de la menstruación y el insomnio.

HINOJO

△ △ ☿ ♈ ♍

- Sanación, confianza, liberación, fertilidad, amor, adivinación, rompe trabajos mágicos.

- Colgad un saquito de semillas de hinojo cerca de las ventanas para purificar toda energía que entre por ellas.

- Tiene propiedades antisépticas, cicatrizantes, antioxidantes, antiinflamatorias, expectorantes y carminativas.

Hinojo

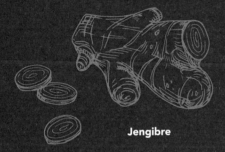

Jengibre

JENGIBRE

△ ♂ ♈ ♐ ♏

- Sanación, energía, coraje, inspiración, manifestación, abundancia, amor, deseo, éxito.

- Añadid jengibre a (casi) cualquier trabajo mágico para energizarlo y asegurar un resultado exitoso.

- Es un gran antiinflamatorio, antioxidante y carminativo. Tiene propiedades termogénicas y es un antiemético natural. Mejora problemas digestivos, trata las náuseas y alivia el dolor menstrual.

LAUREL

△ ☉ ♌

- Protección, éxito, sanación, creatividad, desarrollo, evita la negatividad.

- Escribid vuestras manifestaciones o sigilos en hojas de laurel y quemadlas para que se activen.

- Facilita la digestión, es expectorante y relajante. Mejora la salud visual y de la piel, y puede ayudar a regular la menstruación.

MANZANILLA

- Sueño, calma, protección, meditación, buena suerte, quita hechizos.

- Limpiad las entradas a vuestro espacio con infusión de manzanilla para evitar que las energías y entidades no deseadas penetren en él.

- Tiene propiedades relajantes, antiespasmódicas y antiinflamatorias. Alivia los malestares menstruales, mejora el sistema digestivo y ayuda a prevenir infecciones.

Manzanilla

MENTA

- Prosperidad, protección, purificación, buena suerte, viajes, poderes psíquicos.

- Llenad un pulverizador con infusión de menta y esparcidlo por todas las habitaciones y zonas del hogar para desterrar la energía negativa.

- Es una planta antiinflamatoria, expectorante, antitusiva, antifúngica, analgésica, anticoagulante y antibacteriana. Además, ayuda a prevenir problemas bucales, como el mal aliento y la gingivitis.

Menta

NUEZ MOSCADA

△ ♃ ♅♌

- Salud, fidelidad, amor, abundancia, clarividencia, destierro.

- Dibujad una «X» con nuez moscada encima de una fotografía o petición para eliminarlo de vuestra vida.

- Ayuda a prevenir cardiopatías, favoreciendo la circulación. Tiene propiedades analgésicas y antiinflamatorias, pudiendo aliviar el dolor de las articulaciones.

ORÉGANO

 ♀ ♉♎

- Protección, felicidad, creatividad, suerte, compromiso, amor, sueños proféticos.

- Haced crecer una planta de romero cerca de la entrada de vuestro hogar para dar la bienvenida a la buena suerte.

- Esta planta puede combatir afecciones de la piel y aliviar diversos dolores corporales, como el articulatorio, el dental o el menstrual. Además, alivia síntomas gripales y la migraña.

PEREJIL

△ ☿ ♎♍♋

- Limpieza, protección, fuerza, fertilidad, equilibro, muerte, renacimiento.

- Poned semillas de perejil en las esquinas de la entrada a vuestro hogar (o espacio) para protegerlo.

- Puede ayudar a bajar la tensión arterial elevada, a mejorar la anemia y a mantener la salud visual. Además, es útil para prevenir enfermedades cardiovasculares.

PIMIENTA NEGRA

- Protección, purificación, claridad, estimulación, fuerza.

- Mezclad en un bol pimienta negra y sal, y dejadlo en un espacio que necesite purificarse. Cambiadlo (o retiradlo) cuando consideréis conveniente.

- Incluir pimienta en nuestras recetas ayuda a la digestión. Es antioxidante, expectorante y antiséptica. Puede ayudar a aliviar dolores y cuadros gripales.

REGALIZ

- Amor, deseo, fidelidad, control, comunicación.

- Llevad un trozo de regaliz en el bolsillo cuando vayáis a una entrevista de trabajo para mostraros más convincentes y aptas para el puesto.

- Esta raíz puede ayudar a aliviar los cólicos menstruales, combate infecciones y mejora los síntomas del resfriado.

ROMERO

- Purificación, protección, revitalización, memoria, fuerza, amor.

- Quemad romero para purificar y recargar una estancia rápidamente.

- Esta planta es antioxidante, diurética y carminativa. Además, tiene propiedades antisépticas, antibacterianas y fungicidas. Usado de forma tópica, el romero alivia dolores musculares y cicatriza rápidamente. También calma afecciones de la piel.

TILA

- Calma, fertilidad, protección, aclaración, justicia, amor.

- Convertid unas cuantas ramas y flores de tilo en un centro de mesa decorativo para que no haya disputas durante las comidas.

- Tiene propiedades calmantes, alivia dolores de jaquecas y migrañas y relaja los músculos. Gracias a sus propiedades, es útil para conciliar el sueño y puede combatir los resfriados.

Tila

TOMILLO

- Protección, positividad, amor, riquezas, coraje, fuerza.

- Esta planta ayuda a fortalecer el sistema inmune, es antiséptica y antiinflamatoria. Además, tiene propiedades expectorantes y puede calmar la tos.

Tomillo

VAINILLA

- Amor, deseo, belleza, vitalidad, felicidad, sanación, suerte, endulza situaciones.

- Usad un perfume cuya fórmula incluya la vainilla para atraer sus propiedades cada mañana. ¡No olvidéis intencionarlo mientras os lo ponéis!

- Ayuda a mejorar el estado de ánimo, es antioxidante, antiséptica y analgésica. Puede ayudar a combatir afecciones estomacales, tos y fiebres altas.

Vainilla

IMPORTANTE

Recordad que es conveniente consultar con personas expertas antes de consumir ciertas plantas. No se recomienda el uso continuado de muchas de ellas en personas con patologías cardiorrespiratorias, en procesos de embarazo... ¡Tampoco ignoréis los tratamientos médicos! Los remedios naturales no son un sustituto para ellos. Podéis usarlos de forma complementaria, consultando antes con quien os recete el tratamiento.

MÁS INGREDIENTES COMUNES

Igual que las especias, todos los ingredientes de nuestra cocina tienen sus correspondencias y usos mágicos. Por lo tanto, no hace falta que siempre cocinemos recetas pensadas para ser mágicas. Podemos darle el toque mágico a cualquiera de nuestras recetas habituales intencionando los ingredientes.

- **Ajo:** protección, purificación, prosperidad, aleja la negatividad, favorece la sanación.
- **Calabaza:** prosperidad, crecimiento, fertilidad, creatividad, vitalidad, adivinación, transformación, muerte.
- **Cebolla:** protección, salud, purificación, sanación, elimina bloqueos amorosos.
- **Maíz:** buena suerte, protección, muerte, renacimiento, purificación, amor, abundancia.
- **Patata:** toma de tierra, protección, energía, estabilidad, magia simpática.
- **Pimiento:** amor, pasión, fuerza, energía, purificación, deshace hechizos.
- **Rábano:** protección, deseo, fuerza, magia de fuego, guarda contra energías no deseadas.
- **Rúcula:** protección, amor, abundancia, purificación.
- **Setas:** toma de tierra, fuerza, prosperidad, confianza, sanación.
- **Tomate:** prosperidad, protección, amor, las flores alejan la energía no deseada.
- **Zanahoria:** fertilidad, deseo, juventud, salud, sanación.
- **Arándano:** tranquilidad, paz, protección, prosperidad.
- **Cereza:** amor, pasión, fertilidad, adivinación, ofrenda.
- **Frambuesa:** amor, energía, fertilidad, amabilidad, fidelidad, deseo.
- **Fresa:** amor, felicidad, paz, suerte, amistad, éxito.
- **Granada:** abundancia, riqueza, salud, fertilidad, ofrenda a los espíritus.
- **Higo:** adivinación, fertilidad, amor, seducción, protección.

- **Limón:** purificación, protección, salud, claridad.
- **Manzana:** amor, pasión, salud, longevidad, ofrenda a los espíritus.
- **Melocotón:** espiritualidad, fertilidad, amor, armonía.
- **Mora:** prosperidad, abundancia, protección.
- **Naranja:** alegría, salud, purificación.
- **Plátano:** fertilidad, fuerza, suerte, éxito, magia simpática.
- **Uva:** prosperidad, fertilidad, sanación, sensualidad, magia *glamour*.
- **Almendra:** amor, belleza, fertilidad, familia, magia *glamour*, hechizos contra adicciones.
- **Nuez:** prosperidad, sanación, claridad, fertilidad, protección, manifestación.
- **Piñón:** protección, purificación, fuerza, limpieza, sanación.
- **Arroz:** bendición, dinero, prosperidad, fertilidad, seguridad, atraer la lluvia.
- **Trigo:** abundancia, fertilidad, renacer, prosperidad, celebración de la cosecha.
- **Semillas de amapola:** felicidad, amor, deseo, prosperidad, fertilidad.
- **Alubia:** protección, crecimiento, abundancia, muerte, ofrenda a los espíritus.
- **Garbanzo:** juventud, deseo, pasión, versatilidad.
- **Judía:** abundancia, energía, suerte, dinero, prosperidad.
- **Lenteja:** ciclos, restauración, salud, fuerza, energía, suerte.
- **Queso:** fertilidad, sensualidad, deseo, amor, felicidad.
- **Huevo:** fertilidad, protección, ciclos, nacimiento, energía vital.
- **Mantequilla:** suavidad, calma, paz, facilita los cambios, relaciones tranquilas.
- **Miel:** felicidad, dulzura, amor, atracción, sanación, prosperidad, ofrenda a deidades y ancestras.

CAPÍTULO 6

COCINA
DE LA BRUJA

Hay mil maneras de hacer brujería, y además esta puede tomar infinidad de formas. Muchas personas tienen un concepto muy limitado de lo que es la brujería y se sorprenden muchísimo cuando saben que su ámbito se extiende más allá de los hechizos contenidos en un bote. La brujería de cocina es una de las formas más antiguas de hacer magia, y yo la practico de forma diaria. ¡Cualquier receta puede ser mágica! La forma en la que el hechizo se consume también tiene su parte de magia, igual que los utensilios empleados durante la preparación. A continuación, vamos a ir contándolo paso a paso, para que sepáis cómo elaborar una comida mágica.

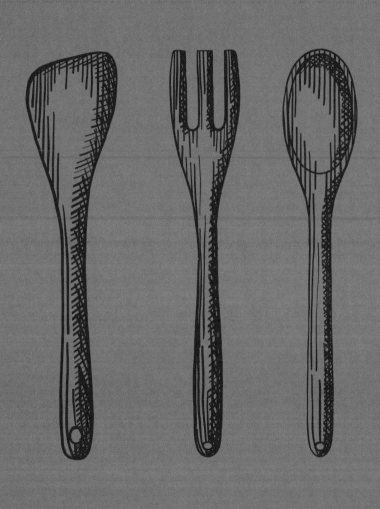

EL HECHIZO ENTRE FOGONES

Ya sé que no para todas las recetas es necesario el uso de fuego, pero ya me entendéis. Hacer magia en la cocina no es nada raro, aunque ciertas brujas están acostumbradas a trabajar en otros entornos. Al variar de espacio de trabajo surgen muchas dudas, y la tarea mágica puede parecer más complicada de lo normal.

¿Puedo practicar brujería de cocina si practico otras ramas de la brujería?
¡Claro! La brujería de cocina es una rama muy compatible con las demás. En la cocina es posible formular todo tipo de hechizos, adivinar y meditar… No requiere de ningún tipo de iniciación ni nada por el estilo.

¡CUALQUIER PERSONA PUEDE SER UNA BRUJA DE COCINA!

¿Puedo hacer magia en la cocina si no tengo ningún altar en ella?
¡Por supuesto! A no ser que lo requiera, cualquier trabajo mágico se puede realizar sin altar (ya sea de brujería de cocina o no). Si sientes que, igualmente, necesitas un altar, podrías montar uno temporal o disponer de uno sobre ruedas. ¿Os acordáis de cuando hablamos de altares en el capítulo 3? Aquellas brujas que realicen recetas mágicas de forma frecuente tal vez sí quieran tener un altar fijo en la encimera de su cocina.

171

¿Puedo adaptar cualquier receta para que sea mágica?

¡Sí! Fíjate bien en los ingredientes y determina cuáles serán elementos mágicos dentro del hechizo. Te ayudará leer sobre las correspondencias del capítulo anterior. ¡Intenciona únicamente aquellos ingredientes que se relacionen con la finalidad que quieras darle al hechizo! Si hay algún ingrediente cuyas propiedades mágicas son muy muy diferentes a aquello que quieres conseguir, intenta buscar un sustituto o elimínalo si es posible.

Para darle un toque mágico a cualquiera de tus comidas, espolvorea la sal, el azúcar o las especias durante la preparación con un poquito de intención, trazando sigilos, runas… ¡Así atraerás sus propiedades!

·— LA ATMÓSFERA MÁGICA —·

Un ambiente mágico y brujil es un factor determinante muchas veces en el éxito de un hechizo, al menos en mi experiencia. Conectar con mi energía brujil es algo que necesito siempre que realizo un trabajo mágico, y estar en un espacio con un toque místico y esotérico me ayuda mucho. Crear una atmósfera mágica en la cocina quizá pueda parecerle imposible a muchas practicantes. La cocina es muy pequeña, se comparte con más personas, no resulta fácil hacer grandes cambios en ella… Por eso os voy a ofrecer unas cuantas ideas para darle ese toque especial a vuestro entorno mientras trabajáis en la cocina.

MÚSICA

Sé que parece simple, pero una buena *playlist* con canciones mágicas es clave para ver el mundo con otros ojos. Podéis hacer listas con canciones que tengan un aire brujil, que os gusten... También os animo a usar composiciones rituales, sonidos de la naturaleza e incluso hacer coincidir la energía de vuestras canciones con la finalidad del hechizo. ¡Las posibilidades son infinitas!

OS RECOMIENDO ESCUCHAR PREVIAMENTE TODA LA MÚSICA, PARA NO TENER SORPRESAS DURANTE EL RITUAL.

DECORACIÓN

No tiene que ser esotérica como tal, pero puede ayudar a hacer el espacio un poco más propio. Hay formas sutiles de «brujificar» un espacio; no hace falta colgar una guirnalda de pentáculos, pero a lo mejor unas cortinas bonitas y un juego de cucharas de colores ayudarán un poco a darle ese toque que buscáis.

ILUMINACIÓN

Alterar un poquito la iluminación de un espacio puede provocar un gran cambio en este. Personalmente, prefiero antes una luz cálida y suave a una blanca y demasiado brillante. Los colores de la luz modifican aquellos del espacio. ¡Es la opción perfecta si no podéis pintar las paredes! Una gran idea son los filtros de luz de colores. Estas láminas transparentes están teñidas de diversas formas y, al ponerlas sobre las fuentes de luz de la cocina, le darán un toque de color. ¡Aseguraos de que los filtros sean compatibles con vuestra iluminación! Algunas lámparas emiten calor, y ciertos filtros podrían ablandarse. Añadid velas, usad lámparas de colores... Hay muchas posibilidades para iluminar un espacio.

PERFUMES

Pese a que las recetas ya emanan su propio perfume mientras las elaboramos, podemos añadir un toque olfativo «extra» cuando preparemos el espacio.

**TOMAD VUESTRO INCIENSO PREFERIDO,
O PONED A HERVIR A FUEGO LENTO UNA OLLA
PEQUEÑITA CON PLANTAS AROMÁTICAS
Y FRUTAS VARIADAS.**

·– LA PROTECCIÓN –·

Como en cualquier otro hechizo, en aquellos realizados dentro de la cocina es recomendable protegerse. ¿Me protejo cuando pongo un poquito de miel intencionada al café para que me endulce el día? No, porque ya tengo mi espacio bien guardado. Para los hechizos de cocina, en cambio, sí que hago alguna protección extra después de purificar el espacio. Tenéis algunas de mis preferidas en el capítulo 1.

Ciertas protecciones las deshago justo al terminar la receta, y otras después de que la comida haya sido consumida. Es decir, si la parte del «festín» también tiene su intención mágica, mantengo la protección, dado que es una parte del ritual.

·—LA PREPARACIÓN Y EL HECHIZO—·

El hechizo en sí es la realización de la receta, pero verlo únicamente como una receta es el mayor error que una bruja de cocina puede cometer. Es cierto que mezclamos ingredientes, picamos cosas, salteamos otras, horneamos, cocemos, caramelizamos… ¡Pero hay que ponerle la magia! Si no, simplemente estaremos cocinando. Sí, sí, lo mismo ocurre con los hechizos de fuera de la cocina. Si no le «ponemos la magia», estaremos solo mezclando hierbas en un bote o quemando un par de velas. Aquí es donde entra el control de la energía del primer capítulo.

TENEMOS QUE VISUALIZAR CÓMO NUESTROS INGREDIENTES DESPRENDEN ENERGÍA E IMPREGNAN EL PLATO CON ELLA. HAY QUE ESTABLECER QUÉ HARÁ CADA COSA E INTENCIONAR CORRECTAMENTE TODO.

PLANIFICAD EL HECHIZO CON TIEMPO

¿Necesitaréis alguna energía concreta? Aunque el hechizo no lo requiera de forma explícita, pensad si la energía de una fase lunar determinada ayudaría con el resultado y valorad si la espera valdría la pena. A lo mejor, sería más óptimo agendar un hechizo de comunicación para cuando Mercurio no esté en retrógrado, o hacer un ritual de intuición cuando la Luna esté en un signo de agua. ¡Hay muchas webs y aplicaciones donde podéis consultar el tiempo astrológico!

LA ENERGÍA DE
LOS DÍAS DE LA SEMANA

Lunes ☽
Fertilidad, familia, sanación, sabiduría, intuición.

Martes ♂
Defensa, protección, manifestación, poder, fuerza.

Miércoles ☿
Trabajo, carrera profesional, comunicación, viajes.

Jueves ♃
Abundancia, cosecha, prosperidad, lealtad, familia.

Viernes ♀
Belleza, amistad, armonía, familia, fertilidad.

Sábado ♄
Destierro, protección, limpieza, creatividad.

Domingo ☉
Belleza, creatividad, esperanza, victoria.

TENED CLARO EL DESARROLLO DEL HECHIZO

Leed unas cuantas veces la receta, familiarizaos con el proceso, preparad los materiales e ingredientes con tiempo, y apuntad todo en algún lugar visible. Personalmente nunca cocino con mi grimorio cerca, porque la última vez que lo hice derramé encima tres claras de huevo a medio montar. Copiad la receta en una hoja de papel o cubrid vuestro cuaderno con una funda plástica para evitar dramas. También os recomiendo no cocinar con los ingredientes justos; siempre intento tener un par de yogures de más o medio paquete de harina extra. ¡Por si las moscas! No soy fan de bajar a la tiendecita de la esquina en mitad de un hechizo.

PERSONALIZAD EL HECHIZO

Si va dirigido a una persona en concreto, podéis inscribir su nombre mientras cocináis. Escribid algún texto u oración que acompañe la finalidad concreta del hechizo o diseñad un sigilo para el ritual. Podemos intencionar una receta de amor para que aporte amor a la familia. Si consideráis que falta algún ingrediente para que el hechizo tenga el resultado concreto que queréis, añadidlo.

USAD UNA VELA GUÍA

Las «velas guía» son un elemento imprescindible en cualquiera de mis hechizos. Intenciono la vela antes de empezar para que me diga cómo van las cosas. Así, si hay algún bloqueo o el hechizo no está funcionando como debería, puedo corregirlo antes de terminar gracias a una rápida lectura de la llama. Para saber cómo leer la llama, consultad la página 125.

·– DESPUÉS DEL HECHIZO –·

La mayoría de los hechizos de cocina están pensados para ser consumidos posteriormente, ya sea por la propia bruja o por aquellas personas que quieran recibir las propiedades, independientemente de que hayan participado en la preparación o no. Deshaceos de los restos y purificad bien los utensilios y herramientas que hayáis empleado. También retirad las protecciones que pusisteis antes de empezar.

CADA PERSONA TIENE SUS NECESIDADES DESPUÉS DE HACER UN TRABAJO MÁGICO. ¡ESCUCHAD A VUESTRO CUERPO! UNA BRUJA QUERRÁ COMER UN POCO, OTRA MEDITAR Y DARSE UN BAÑO PURIFICANTE, O QUIZÁ ECHARSE UNA SIESTA.

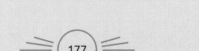

·– EL FESTÍN –·

Muchas veces, la forma en la que se come un hechizo de cocina es tan (o incluso más) importante que la forma en la que este se prepara. El consumo del plato puede estar lleno de significado y convertirse en un ritual en sí mismo. Para estructurar correctamente un festín alrededor de uno o varios platos mágicos, debemos considerar varios puntos.

¿CUÁL ES LA OCASIÓN?

Evidentemente, podemos organizar un festín sin que haya nada que celebrar, pero encontrar una excusa —o hacerlo coincidir con algún evento relevante— puede ayudar mucho con los resultados. Ritualizad cumpleaños, embrujad cenas de Nochevieja y ponedle una pizca de magia a cualquier fecha señalada.

PODÉIS ELABORAR PLATOS ACORDES A LAS ESTACIONES Y FESTIVIDADES PARA REPRESENTAR SU ENERGÍA EN LA COMIDA.

Y también decorar con centros de mesa, manteles y velas que acompañen vuestra intención o que coincidan con la temporada. ¡Los podéis hacer en casa!

Cread un ambiente acorde a vuestras intenciones con la iluminación, la decoración e incluso la música de fondo.

¿QUIÉN ASISTIRÁ AL FESTÍN?

Puede ser una gran cena familiar o una comida a solas, pero hay que tener en cuenta quién se sentará en la mesa. Una buena distribución de los asientos es clave para el desarrollo del ritual. Sobre todo, cuando se consumen platos relacionados con la armonía y el vínculo familiar, es mejor evitar que personas que usualmente entran en desacuerdos se sienten enfrentadas (es decir, una delante de la otra).

EN LA CABECERA DE LA MESA SE SENTARÁ LA BRUJA, U OTRA FIGURA EQUILIBRADA Y MODERADORA, CAPAZ DE «REDIRIGIR» LA ENERGÍA DEL EVENTO SI FUESE NECESARIO.

No hace falta que los comensales sepan que la mesa está llena de magia, pero a veces no está de más hacerlos partícipes. ¡Todo depende del hechizo! Por ejemplo, si la sopa revela mentiras y hace que las personas digan la verdad, quizá sería óptimo no avisar antes. En cambio, para una comida llena de amor con tu pareja, le puedes hacer saber que los platos elaborados llevan un extra de dulzura mágica.

¿CÓMO SE SIRVEN LOS PLATOS?

Si ritualizamos una comida, la forma en la que los platos se distribuyen entre los comensales debe ser meditada. ¡Está llena de simbolismo! Recuerdo que mi abuela se negaba a cortar el pan con un cuchillo, dado que el pan era «el cuerpo de Cristo». La mejor forma de distribuirlo sin «herir al Señor» es tomando un pellizco de la hogaza. Personalmente no soy cristiana, pero aún sigo repartiendo el pan con las manos; tal vez para mantener la tradición. Este pequeño acto siempre me hace reflexionar sobre el simbolismo que envuelve el acto de repartir comida.

EN EL CASO DE QUE DOS PERSONAS COMAN DE UN MISMO PLATO, ESTARÁN SITUADAS AL MISMO NIVEL, ESTABLECIENDO CONFIANZA Y UNA ESPECIE DE VÍNCULO: AMBAS SE PREOCUPARÁN DE QUE LA OTRA PERSONA TENGA SUFICIENTE PARA ALIMENTARSE. NO HAY LUGAR PARA EGOÍSMOS.

También hay que considerar que si una persona (la bruja) es la encargada de servir al resto de un mismo recipiente, en la mesa, repartirá justamente las propiedades del hechizo. Todo el mundo puede ver cómo las cantidades se han repartido por la «cabecilla» del ritual.

Pero, si varias personas se sirven a sí mismas de un mismo plato, serán ellas las encargadas de tomar la porción que consideren conveniente. Pueden asegurarse de que quede suficiente alimento para el resto o llevarse la mejor parte. Es una buena forma de identificar ciertos comportamientos de nuestros compañeros de mesa.

Estos son simbolismos que he otorgado, a lo largo de mi práctica, a algunas formas comunes de servir la comida. Igual que partir el pan con las manos, son pequeños actos simbólicos que resuenan conmigo.

NO DUDÉIS EN REPARTIR LOS PLATOS A VUESTRA MANERA, INCORPORANDO HÁBITOS Y TRADICIONES, Y ASOCIAR A ESTE ACTO AQUELLOS SIGNIFICADOS QUE TENGAN SENTIDO.

PARA RITUALIZAR UN FESTÍN DE BRUJAS

1 Poned un código de vestimenta si lo consideráis conveniente. Que los colores de vestimenta de las personas invitadas coincidan con la finalidad mágica del ritual nunca está de más.

2 Cread una atmósfera mágica, haciendo coincidir materiales y colores de la decoración con la finalidad del ritual.

3 Invocad a aquellas energías que pueden ser de ayuda durante el evento, por ejemplo, mediante un círculo de elementos. Podéis representar a aquellas personas difuntas mediante velas y ofrendas, y también dejando una silla libre.

4 Preparad una oración que acompañe la finalidad mágica del evento y recitadla entre todas aquellas personas que estéis allí presentes. Sobre todo si son festines relacionados con la felicidad, los vínculos y la familia, recomiendo que os toméis de las manos.

5 Antes de servir un plato, las invitadas pueden poner sus manos encima de este (sin necesidad de tocarlo) para intencionarlo y cargarlo de energías. Puede ser un momento de meditación en comunidad muy bonito.

6 A la hora de comer, intentad usar la mano izquierda para llevar la comida del plato a vuestra boca si queréis recibir las propiedades del hechizo, y la mano derecha si queréis desprender o dar las propiedades del hechizo (sobre todo durante los primeros bocados). La mano izquierda está relacionada con «recibir» y es genial para consumir hechizos de protección, amor propio, fortuna y buena suerte… La mano derecha es la mano de «dar» y es la indicada para consumir hechizos como los de generosidad y belleza.

7 Al terminar, cada persona puede dar las gracias por los alimentos consumidos y las propiedades de estos.

8 Al recoger, es muy importante limpiar de forma tanto física como energética todos los utensilios empleados. Podéis ahumar vuestros platos mientras los fregáis a mano o podéis intencionar la pastilla del lavavajillas (sobre todo si el ritual no ha sido muy intenso). Si intuís que los utensilios necesitan una segunda limpieza, repetid el proceso de purificación.

9 Si hay sobras no os deshagáis de ellas. Algunas brujas de cocina están en contra, pero yo soy partidaria de guardar los platos sobrantes en la nevera o en el congelador. Aquellas en contra dicen que conservar así la comida «congelaría» las propiedades del hechizo y retrasaría la llegada del amor, el dinero o lo que sea que hubiésemos pedido. Desde mi punto de vista, si no se congela con esa intención y simplemente se quiere conservar el alimento en buen estado, no hay ningún problema. Eso sí, ¡acordaos de etiquetar bien las cosas para recordar cuáles eran sus propiedades mágicas!

LAS HERRAMIENTAS DE LA BRUJA DE COCINA

Cada bruja, como en el resto de los ámbitos mágicos, decide con qué herramientas y utensilios trabaja en su cocina. Todo depende de las posibilidades de cada una, del tipo de recetas que realice y de la frecuencia con la que practique brujería en la cocina. Recomiendo siempre empezar con los utensilios que ya tengamos disponibles e ir adquiriendo poco a poco aquellos que nos hagan falta.

ANTES DE COMPRAR CIERTAS HERRAMIENTAS NUEVAS, BUSCAD EN TIENDECITAS DE SEGUNDA MANO. ¡Y LUEGO PURIFICADLAS BIEN!

CUBIERTOS DE PLATA

Tal vez no sean tan usados durante la preparación de un plato, pero sí en el momento de servirlo (o de consumirlo). Los cubiertos de plata atraen las propiedades de este metal (intuición, verdad, sensibilidad, protección psíquica…) a nuestro hechizo, pero además pueden tener significados adicionales. Existen cubiertos con formas específicas, con decoraciones vegetales e incrustaciones minerales. Por ejemplo, un tenedor con el mango lleno de tallas de rosas traerá consigo la simbología de esta flor (amor, pasión, belleza…). En muchos anticuarios po-

déis encontrar juegos de cubertería muy elaborados, que tal vez solo necesiten un pulido, además de la purificación.

TAZAS Y TETERAS

Si sois aficionadas a las infusiones, o a planear desayunos y meriendas, obtener un bonito juego de té añadirá un toque especial a vuestro día a día. Los hay de varios materiales, de mil formas y con más o menos decoraciones. Buscad uno con los colores y la decoración que resuenen con vosotras y vuestra práctica. Dependiendo del material de fabricación, tendrá unas propiedades u otras. Por ejemplo, mis tazas y teteras están hechas de porcelana o de arcilla. La porcelana está asociada con la belleza, lo refinado, la abundancia y la sensibilidad. La arcilla tiene diversas propiedades, dependiendo de los minerales predominantes en su composición (hay diversos tipos). Por lo general, se relaciona con la toma de tierra, la naturaleza, la destreza y lo tradicional.

CUCHARAS DE PALO

Las cucharas de palo (o cucharas de madera) son, muy probablemente, las herramientas que más uso cuando cocino. Por la parte técnica son geniales, dado que no rayan los fondos de ollas y sartenes, ni rompen los alimentos con tanta facilidad como un utensilio metálico. Mágicamente hablando, remover nuestros platos con estas cucharas transmite las propiedades de la madera al alimento; igual que pasa con el resto de los utensilios de madera. Además, podéis encontrar cucharas (y muchos otros utensilios de madera) talladas con decoraciones como lunas, trisqueles, pentáculos, trenzas… ¡Incluso con incrustaciones minerales! En la feria de artesanía de mi ciudad siempre encuentro varios puestos con cucharas preciosas.

La madera es un material de naturaleza porosa, y sin los cuidados necesarios puede estropearse. Lavad estos utensilios siempre a mano, usando agua caliente y jabón. Después, secadlos bien en un lugar ventilado. Para mantener su aspecto, protegedlos con un aceite específico o llevadlos a una persona experta para que los repare.

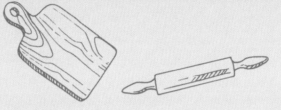

ES IMPORTANTE CUIDAR TODAS LAS
HERRAMIENTAS CULINARIAS DE MADERA,
YA SEAN CUCHARAS, ESPÁTULAS O TABLAS
DE CORTAR.

CUCHILLOS

Los cuchillos son una herramienta multiusos muy antigua. Hay cuchillos de infinitas formas, materiales y tamaños. Están asociados con el aire (sí, el elemento aire) y pueden tener más funciones en nuestros hechizos que, simplemente, trocear ingredientes. Existen cuchillos rituales, dagas ceremoniales y espadas específicas para practicar brujería, pero un cuchillo de cocina puede desarrollar el mismo papel. Usad un cuchillo bien intencionado en rituales para terminar una mala temporada, para cortar el vínculo emocional con una persona tóxica o para separar de forma justa y racional el beneficio de una empresa.

Hoy en día se fabrican cuchillos de diversos colores, con decoraciones e incluso inscripciones en la hoja. Haced coincidir estos elementos con vuestra intención la próxima vez que adquiráis un cuchillo.

EL HORNO HOLANDÉS

Esta olla de cocción con tapa está hecha totalmente de hierro fundido y tiene un aspecto muy brujil. En ella se cocinan caldos, cremas, panes, asados y cocidos, y puede usarse sobre fogones, hogueras, brasas… ¡Es un utensilio todoterreno! Su material aguanta altas temperaturas, y cocinar en un horno holandés puede transmitir las propiedades mágicas del hierro a nuestro plato.

EL HIERRO ESTÁ ASOCIADO CON LA TIERRA Y EL CIELO, Y ES GENIAL PARA PREPARAR PLATOS DE «TOMA DE TIERRA». TAMBIÉN REPRESENTA PODER, RESISTENCIA Y CORAJE, POR SUS ASOCIACIONES CON MARTE.

Es cierto que el horno holandés tarda más tiempo en cocinar ciertos platos, y la olla a presión es la sustituta perfecta para aquellas brujas que no pueden pasar seis horas vigilando un caldero.

Aquellas herramientas que aparecen en el listado, como sartenes o tablas de cortar, reciben las propiedades de su material, color y decoración. Si queréis darle una energía determinada a cualquiera de vuestras herramientas, inscribid sigilos o encantadlas adaptando el ritual del capítulo 4.

CICLOS

El mundo y su funcionamiento está basado en ciclos: vitales, lunares, astrológicos… A veces nos encontramos un poco desconectadas de la naturaleza y su ciclicidad, y una manera de reconectar es mediante los alimentos. Cada zona tiene sus propias costumbres, y estoy segura de que todas vuestras festividades y temporadas van acompañadas de platos tradicionales. Uvas en Nochevieja, castañas en otoño, alcachofas en primavera, monas en Pascua, gazpacho en verano… No voy a ser yo quien os prohíba comer castañas y panellets a mediados de abril, pero conectar con los frutos que la tierra ofrece con el paso de las estaciones tiene algo especial.

En cada estación encontramos diversas festividades, y estas guardan una gran simbología. Generalmente coinciden con los solsticios, los equinoccios y los puntos medios entre estos eventos, pues son los momentos reservados para la celebración en el calendario pagano. ¡Estoy supersegura de que podéis encontrar una fiesta local para cada una de las festividades de la rueda pagana!

ESTAS FECHAS SON SEGÚN LAS ESTACIONES DEL HEMISFERIO NORTE; PARA LAS FESTIVIDADES EN EL HEMISFERIO SUR OPONED LAS FECHAS, HACIÉNDOLAS COINCIDIR CON LAS ESTACIONES A LAS QUE PERTENECEN.

IMBOLC
1 DE FEBRERO
Último tramo de la estación fría, retorno de la luz.

- **Colores:** blanco, rojo.
- **Energías:** concepción, iniciación, inspiración.

OSTARA
EQUINOCCIO DE PRIMAVERA (ENTRE EL 19 Y EL 22 DE MARZO)
Llegada de la calidez y fin de la estación fría.

- **Colores:** verde, amarillo.
- **Energías:** nacimiento, renacer, revitalización.

BELTANE
1 DE MAYO
Festival de la primavera (convirtiéndose en verano).

- **Colores:** azul, verde, tonos pastel, cualquier color.
- **Energías:** juventud, sensualidad, placer, exuberancia.

LITHA
SOLSTICIO DE VERANO (ENTRE EL 19 Y EL 23 DE JUNIO)
Entrada al verano, punto máximo de la estación cálida.

- **Colores:** amarillo, dorado, arcoíris.
- **Energías:** vínculos, renovación, naturaleza, comunidad, celebración.

LAMMAS (O LUGHNASADH)
1 DE AGOSTO
Festival de la cosecha.

- **Colores:** naranja, amarillo, marrón, verde.
- **Energías:** cosecha, prosperidad, generosidad, éxito.

MABON
EQUINOCCIO DE OTOÑO
(ENTRE EL 20 Y EL 23 DE SEPTIEMBRE)
Entrada al otoño e inicio de la transición hacia la estación fría.

- **Colores:** naranja, rojo, marrón, morado.
- **Energías:** apreciación, agradecimiento, cosecha, reflexión.

SAMHAIN
31 DE OCTUBRE
Fiesta de los difuntos e inicio de la transición al invierno.

- **Colores:** negro, índigo, naranja.
- **Energías:** muerte, transformación, familia, ancestras.

YULE
SOLSTICIO DE INVIERNO
(ENTRE EL 19 Y EL 22 DE DICIEMBRE)
Inicio del invierno, punto máximo de la estación fría.

- **Colores:** rojo, verde, blanco.
- **Energías:** renovación, regeneración, familia, agradecimiento.

Podéis hacer algo especial para cada una de estas fechas, o mantener las tradiciones habituales de vuestro calendario.

PRIMAVERA

La primavera se inicia durante el equinoccio de primavera. Este tiene lugar entre el 19 y el 22 de marzo en el hemisferio norte, y entre el 22 y el 23 de septiembre en el hemisferio sur. La festividad pagana correspondiente al inicio de la primavera es Ostara, pero podemos encontrar fiestas que dan la bienvenida a esta estación y se despiden del invierno en numerosas culturas. Una de mis preferidas son las Fallas valencianas, iniciadas antiguamente por los carpinteros. En la víspera del día de San José, su patrón, quemaban en una hoguera purificadora las virutas y objetos viejos sobrantes; de este modo, limpiaban sus talleres para comenzar la primavera con buen pie.

La siguiente festividad pagana que encontramos en esta estación es Beltane, habitualmente celebrada el primer día de mayo. En ese momento, a mediados de la primavera, se celebran una enorme cantidad de fiestas relacionadas con la caza, la fertilidad y la inminente llegada del verano.

CREMA DE PATATA Y ESPINACA
CREMA DE NUEVOS INICIOS

Dificultad:	I
Tiempo:	II

Para 2 personas necesitaremos:
- 300 g de espinacas.
- 500 g de patatas.
- 1 cebolla.
- 1 cucharada de mantequilla.
- Tomillo.
- Romero.
- Aceite de oliva.
- Sal.

Los ingredientes mágicos de este hechizo son:
- Espinaca: aporta estabilidad, fuerza y disciplina para perseguir objetivos.
- Patata: dota de estabilidad a los nuevos comienzos, aporta energía.
- Cebolla: protege la jornada, purifica las energías no deseadas.
- Tomillo: protege y atrae riquezas, positividad, fuerza y coraje para afrontar la jornada.
- Romero: da fuerza y brinda protección.
- Aceite de oliva: brinda paz en el proceso.

Primero pelaremos, trocearemos y lavaremos las patatas. También pelaremos y cortaremos la cebolla. Podéis cocinar con los ingredientes simplemente troceados o tallar runas y sigilos en algunas de las piezas de patata que habéis hecho. Las runas Raidō y Wunjō pueden ser muy adecuadas, ¡pero podéis escoger cualquiera que se relacione con el resultado que deseéis!

Una vez que todo esté troceado, lo pondremos en una olla y añadiremos una pizca de sal y un poco de aceite. A la hora de agregar ingredientes a la olla, mientras los intencionáis, podéis trazar pentáculos, runas, sigilos u otros símbolos. Cubriremos todo el contenido de la olla con agua y encenderemos el fuego. Cuando el agua esté hirviendo, bajaremos el

SIGILO DE NUEVOS CAMINOS ABIERTOS

fuego para que todo se cueza durante 20-25 minutos. Con el fuego bajo, mientras esperamos a que se cumpla el tiempo de cocción, añadiremos el tomillo y el romero intencionándolos. También aprovecharemos el momento para lavar y secar las espinacas si es necesario.

Pasados los 20-25 minutos desde que el agua empezó a hervir, añadiremos la mantequilla y trituraremos todo con una batidora de mano. Incorporaremos las espinacas a la olla con las patatas y la cebolla trituradas y las dejaremos cocer durante 10 minutos. Si preferís que la crema no tenga «espinacas flotantes», podéis solucionarlo de dos maneras: las añadís a la olla antes de triturar todo y las dejáis cocer una vez trituradas, o seguís la receta al pie de la letra y pasáis la batidora de mano antes de servir.

PASTA CON QUESO DE CABRA Y MIEL
PASTA DE PRIMAVERA

Dificultad:	II
Tiempo:	II

Para 2 personas necesitaremos:
- 250 g de tomates cherri.
- 200 g de queso rulo de cabra.
- 6 dientes de ajo.
- 2 cucharadas de miel.
- 2 vasos de pasta (hélices, macarrones...).
- Albahaca.
- Sal.
- Pimienta negra.
- Aceite de oliva.

Los ingredientes mágicos del hechizo son:
- Tomate: protege, atrae el amor y la prosperidad.
- Queso: atrae el amor y aporta felicidad.
- Ajo: nos protege en esta etapa, aleja la negatividad, aporta prosperidad.
- Miel: atrae el amor, endulza situaciones y aporta alegría.
- Albahaca: atrae el amor y la buena suerte, protege.
- Pimienta negra: protege de energías no deseadas.
- Aceite de oliva: aporta paz.

Primero, precalentaremos el horno a 180 °C, con calor arriba y abajo, y sin ventilador. Mientras tanto, pondremos una olla con agua a hervir. Cuando hierva, coceremos la pasta (teniendo en cuenta los tiempos recomendados de cocción). Después de añadir la pasta, salaremos el contenido de la olla. Este es un buen momento para establecer la intención del hechizo y trazar sigilos y símbolos sobre el agua mientras ponemos la sal.

En un recipiente apto para el horno, pondremos los tomates cherri y los dientes de ajo pelados. Podéis tallar runas en los ingredientes con la ayuda de un palillo. Añadiremos un puñadito de albahaca, preferiblemente fresca, y un chorro de aceite. Mientras cae el aceite, visualizaremos la intención y trazaremos formas mágicas. Llegados a este punto, la pasta ya debería estar hecha. La colaremos y reservaremos un par de cucharadas del agua de la cocción. Pondremos esta agua en el recipiente con los tomates y después lo meteremos en el horno durante unos 10 minutos. Pasado este tiempo, cuando los tomates se hayan empezado a ablandar, sacaremos la bandeja, y pondremos el queso rulo de cabra en el medio. Dejaremos caer la miel por encima, dibujando runas o escribiendo nuestra intención.

«Protege, alegra y llena de paz y amor nuestras vidas y nuestros cuerpos».

Volveremos a hornear todo durante otros 15 minutos (o hasta que los tomates estén pochados y blandos y el queso se haya fundido y tostado un poco). Una vez que el contenido de nuestra bandeja esté bien cocinado, lo sacaremos del horno y lo aplastaremos con la ayuda de un tenedor. Además de mezclar, añadiremos sal y pimienta al gusto mientras las intencionamos. Después, mezclaremos nuestra pasta con la salsa, y podremos decorar el plato con albahaca fresca por encima.

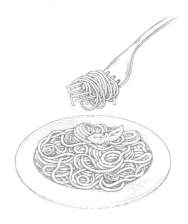

PATATAS AL HORNO CON ROMERO Y PIÑONES HORNEADO DE PROSPERIDAD

Dificultad:	II
Tiempo:	III

Para 2 o 3 personas necesitaremos:
- 500 g de patatas pequeñas.
- 3 ramitas de romero.
- 3 dientes de ajo.
- 3 cucharadas de piñones s in cáscara.
- Aceite de oliva
- Pimienta negra.
- Sal.

Los ingredientes mágicos del hechizo son:
- Patata: estabiliza proyectos y procesos, los protege y los energiza.
- Romero: protege y revitaliza proyectos, además de dotarlos de fuerza.
- Ajo: aleja la negatividad, protege de envidias y malos deseos, y atrae la prosperidad.
- Piñón: purifica y aporta fuerzas, ayuda a sanar las heridas provocadas por el mal tiempo anterior.
- Aceite de oliva: aleja la negatividad, atrae buena suerte, aporta paz en el hogar y en los círculos cercanos.
- Pimienta negra: protege y da fuerza y claridad para seguir adelante.

SIGILO DE
PROSPERIDAD

Primero, precalentaremos el horno a 180 °C, con calor arriba y abajo, y sin ventilador. Mientras tanto, lavaremos las patatas. Cuando las hago al horno me gusta dejar la piel, pero podéis pelarlas si así lo preferís. Las partiremos por la mitad y las dispondremos en un recipiente apto para el horneado. Podríais aprovechar para tallar runas y sigilos en la patata con la ayuda de un cuchillo pequeño.

A continuación, picaremos el ajo, lavaremos el romero y separaremos las hojas de las ramas más grandes. En un bol, mezclaremos dos (o tres) cucharadas de aceite de oliva, las hojas de romero y el ajo picado. También añadiremos sal y pimienta al gusto. Con ayuda de una cuchara, untaremos las patatas de la bandeja con nuestra mezcla y las dejaremos horneando durante una hora.

Durante los últimos minutos de horneado, tostaremos los piñones en una sartén con un poquito de aceite. Los removeremos en el sentido de las agujas del reloj para atraer sus propiedades. Por último, serviremos todo junto.

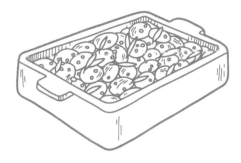

HUEVOS RELLENOS
BOCADOS DE HONESTIDAD

		Para 2 personas necesitaremos:
Dificultad:	III	○ 4 huevos medianos.
Tiempo:	II	○ Mayonesa.
		○ Comino.
		○ Eneldo.
		○ Jengibre.
		○ Orégano.
		○ Pimienta negra.
		○ Sal.

Los ingredientes mágicos de este hechizo son:

○ Huevos: aportan protección.[1]

○ Comino: resalta la fidelidad y destierra a aquellas personas infieles y deshonestas.

○ Eneldo: destierra aquellos vínculos innecesarios.

○ Jengibre: da coraje para decir la verdad.

○ Orégano: nos mostrará en sueños a las personas deshonestas si estas no se desenmascaran en persona.

○ Pimienta negra: aporta claridad al asunto.

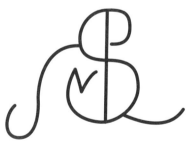

SIGILO
«LA VERDAD ES REVELADA»

Primero coceremos los huevos durante 12 minutos. Los pelaremos bien y los partiremos por la mitad con mucho cuidado. Retiraremos las yemas y las pondremos en un recipiente. Añadiremos entonces mayonesa al gusto; personalmente pongo una cucharada de mayonesa por cada dos yemas. Luego añadiremos las especias, también al gusto. De comino, eneldo y jengibre añado una pizca pequeñita, para que esté presente su energía, pero que no destaque demasiado el sabor. De pimienta y orégano sí que añado un poco más. ¡Recordad intencionar cada una de las especias! Después, pondremos una pizca de sal y removeremos bien. Este es el momento perfecto para trazar nuestro sigilo de verdad, o recitar una frase con el resultado que deseamos.

**«Las personas deshonestas se desenmascaran ante mí
y me revelan la verdad».**

Por último, con ayuda de una cucharilla, rellenaremos las claras con nuestra mezcla, poniéndola en el hueco que dejó la yema al retirarla.

[1] Si los bocados van a ser consumidos por aquella persona que queremos que nos sea honesta, no recomiendo intencionar los huevos para que ofrezcan su protección a quien los coma. Si los intencionamos, estaremos «protegiendo» a esa persona, y eso puede atenuar el efecto del resto del hechizo. Si tanto la bruja como la persona deshonesta van a consumir los bocados, la bruja puede intencionar el huevo justo antes de comerlo (en vez de encantar todo el plato).

BIZCOCHO DE NARANJA
BIZCOCHO DE ALEGRÍA

Dificultad: II

Tiempo: II

Para un bizcocho necesitaremos:

- 250 g de azúcar.
- 170 g de harina de trigo (de repostería).
- 15 g de levadura en polvo.
- 70 ml de aceite de girasol.
- 1 naranja de zumo (con la piel fina).
- 3 huevos medianos.
- Mantequilla.

Los ingredientes mágicos de este hechizo son:

- Azúcar: endulza aquellas situaciones más amargas.
- Aceite de girasol: atrae felicidad y momentos joviales.
- Naranja: aporta alegría y ayuda a purificar las energías no deseadas.
- Huevo: protege de situaciones y energías no deseadas.
- Mantequilla: ayuda a suavizar ciertas situaciones.

Primero, lavaremos la naranja y la cortaremos en nueve trozos. Si no disponemos de una naranja de piel fina, pelaremos bien la naranja, quitando también toda la parte blanca, y quedándonos únicamente con la parte de la pulpa. En una batidora pondremos la naranja, los huevos, el azúcar y el aceite mientras los intencionamos, y batiremos todo hasta que quede una mezcla homogénea. Luego, la pondremos en un bol.

Encima del bol que contiene la mezcla, ayudándonos de un colador, tamizaremos la harina y la levadura. Incorporaremos poco a poco la harina, realizando movimientos envolventes con una cuchara o una espátula. Lo haremos dando pequeñas vueltas al bol, siempre en el sentido de las agujas del reloj. Este es el momento perfecto para recitar una oración que deje bien clara la finalidad del hechizo; así la incorporaremos con la harina.

**«Esta masa alberga infinidad de alegría y dulzura,
y atrae buenos momentos a la persona que la consuma».**

Prepararemos un molde de la manera que prefiramos: con mantequilla, papel, harina… Yo suelo poner un fondo de papel y cubro todo de una capa muy fina de mantequilla, ayudándome con los dedos. También inscribo con la mantequilla mi oración y algún sigilo de alegría y armonía.

Hornearemos a una temperatura de 180 °C durante unos 30 minutos; los primeros 5 o 10 minutos poniendo el calor solo abajo. Al terminar el tiempo de horneado, apagad el horno, pero no lo abráis directamente. Dejad que se vaya enfriando poco a poco.

PANECILLOS ESCOCESES
PANECILLOS DULCES DEL BUEN TIEMPO

Dificultad:	III
Tiempo:	III

Para unos 10 panecillos necesitaremos:
- 260 g de harina de trigo de fuerza media.
- 50 g de azúcar.
- 75 g de mantequilla.
- 10 g de levadura en polvo.
- 120 ml de leche entera.
- 1 huevo mediano.
- Extracto de vainilla.
- Sal.

Los ingredientes mágicos del hechizo son:
- Trigo: atrae abundancia y prosperidad.
- Azúcar: endulza situaciones y atrae cariño.
- Huevo: aporta protección y atrae la energía vital de la temporada.
- Vainilla: endulza situaciones; atrae felicidad, amor y deseo.

Empezaremos precalentando el horno a 200 °C, con calor arriba y abajo, y con ventilador. Mezclaremos en un bol los ingredientes secos: harina, levadura, azúcar y una pizca de sal. Añadiremos la mantequilla, fría y cortada en daditos. Integraremos todos los ingredientes ayudándonos de la mano izquierda. Es importante que la mantequilla no se caliente; para conseguirlo podéis amasar con un tenedor sujeto por la mano izquierda, en vez de transmitirle el calor de los dedos. Recordad intencionar cada ingrediente conforme lo incorporéis a la receta.

En otro bol batiremos el huevo hasta que quede bien homogéneo, añadiremos la leche y una puntita de vainilla, y volveremos a batir.
En el primer bol, haremos un huequecito en el medio de la masa de mantequilla, como si fuese el cráter de un volcán. Pondremos el huevo batido con leche en este hueco y mezclaremos todo con la ayuda del tenedor. Una vez que el líquido esté bien integrado, deberíamos hacer una bola de masa con las manos. Si, al formar la bola, notamos que la

SIGILO DE BUEN PORVENIR

masa ha quedado muy seca y agrietada, podemos añadir una cucharada más de leche para humedecerla. Al volver a amasar, a lo mejor es necesario añadir un poco más de leche. Hacedlo sin problema, pero en pocas cantidades cada vez, para no humedecer demasiado nuestra masa.

Aseguraos de tener una masa homogénea y evitad manipularla demasiado para no calentar la mantequilla. Para hacer nuestros panecillos, espolvorearemos harina sobre la encimera. Es en este momento cuando inscribiremos nuestros sigilos y oraciones en la harina. Extenderemos la masa sobre nuestra superficie hasta que nos quede una lámina de unos 2 cm de grosor; podemos ayudarnos de un rodillo. Mientras la extendemos, meditaremos sobre nuestra intención o recitaremos nuestra oración. Con un molde redondo, cortaremos la masa en circulitos (que serán nuestros panecillos). Enharinad bien el molde antes de cada corte para que los bordes del panecillo no se peguen y así suban bien en el horno.

Colocaremos los panecillos en una bandeja de horno (cubierta con papel vegetal), con suficiente espacio entre ellos. Con ayuda de un pincel de cocina, los pintaremos por encima con un poco de leche. Los hornearemos a 200 °C, con calor por arriba y abajo, y sin ventilador durante 15 minutos (o hasta que estén dorados). Pasado este tiempo, los dejaremos enfriar en una rejilla. ¡Podéis rellenarlos con queso fresco y vuestra mermelada preferida!

GALLETAS DE ANÍS, NARANJA Y LIMÓN
GALLETAS DE BELLEZA

Dificultad:	II
Tiempo:	II

Para un plato de galletas necesitaremos:

- 240 g de harina de trigo (de repostería).
- 80 g de azúcar.
- 60 g de mantequilla.
- 10 g de anís verde.
- / g de levadura.
- 1 huevo grande.
- Rayadura de un limón.
- Rayadura de una naranja.
- Sal.

Los ingredientes mágicos de este hechizo son:

- Azúcar: aporta dulzura y ayuda a ser percibida con mejores ojos.
- Anís: atrae belleza.
- Huevo: aporta vitalidad a nuestra apariencia.
- Limón: protege nuestra apariencia de envidias y malos deseos.
- Naranja: da un toque alegre a nuestro semblante.

En primer lugar, tamizaremos la harina y la levadura, y añadiremos las rayaduras cítricas. También incluiremos en esta mezcla el anís y una pizca de sal. Intencionad cada ingrediente conforme lo empleéis en el hechizo. Por otro lado, moldearemos la mantequilla hasta que tenga una textura de pomada, y la mezclaremos con el azúcar. Batiremos el huevo y lo incorporaremos al bol de la harina, junto con la mantequilla y el azúcar. Mezclaremos bien todos los ingredientes hasta obtener una masa homogénea. En este punto del hechizo podemos recitar nuestra oración. A continuación, haremos una bola, la envolveremos en film transparente y la dejaremos reposar durante una hora en la nevera.

> **«La belleza de mi ser**
> **llena cualquier estancia;**
> **soy dulce y sincera,**
> **y por todo el mundo apreciada».**

Pasado el tiempo, calentaremos el horno a 180 °C, con calor arriba y abajo, y sin ventilador. Sacaremos la masa de la nevera y haremos bolitas de unos tres centímetros de diámetro. Pondremos nuestras bolitas sobre una bandeja de horno cubierta con papel vegetal y espolvorearemos azúcar sobre ellas. Este es el momento perfecto para inscribir un sigilo de belleza sobre cada una de las galletas, y para ello podéis ayudaros de un palillo. Cuando tengan los ornamentos mágicos inscritos, las hornearemos durante 10 o 15 minutos, hasta que queden doradas. Al sacarlas del horno, dejad que se enfríen sobre una rejilla para que estén bien crujientes.

TARTA DE CHOCOLATE
TARTA DE PASIÓN

Dificultad: II

Tiempo: II

Para una tarta necesitaremos:

- 180 g de harina de trigo (de repostería).
- 150 g de azúcar.
- 90 g de mantequilla.
- 40 g de cacao en polvo.
- 160 ml de leche.
- 4 huevos medianos.
- 1 cucharada de levadura en polvo.
- Sal.

Los ingredientes mágicos de este hechizo son:

- Azúcar: endulza relaciones.
- Mantequilla: aporta suavidad a las relaciones.
- Cacao: atrae el romance, el amor y la pasión.
- Leche: atrae un amor próspero y abundante.
- Huevo: aporta vitalidad y protección al vínculo.

Primero, precalentaremos el horno a 180 °C. En un bol batiremos los huevos y el azúcar con ayuda de unas varillas, durante dos o tres minutos (hasta que la mezcla se vuelva blanquecina y espumosa). Añadiremos, tamizándolo todo con cuidado, la harina, la levadura y el cacao. Pondremos una pizca de sal e integraremos poco a poco todos los ingredientes haciendo «pliegues» al mezclar. En el momento en el que realizamos los pliegues podemos trazar sobre la masa un sigilo de nuestra elección.

En un cazo calentaremos la leche y la mantequilla a fuego medio, y removeremos en el sentido de las agujas del reloj (sin que la leche hierva). Cuando la mantequilla se haya derretido por completo, retiraremos el cazo del fuego y lo dejaremos reposar unos minutos. Cuando aún esté

caliente, añadiremos la leche con mantequilla al bol de la masa poco a poco, mezclando muy bien con movimientos envolventes. Recordad intencionar cada ingrediente conforme lo uséis en la receta.

Prepararemos un molde con papel de horno y engrasaremos un poquito los bordes con una capa muy fina de mantequilla; después, verteremos en él la masa. Hornearemos nuestro bizcocho unos 40 minutos, a 180 °C, con calor arriba y abajo (sin ventilador). Pasado este tiempo, apagad el horno, pero no lo abráis directamente; dejad que se enfríe poco a poco.

Podéis añadir decoraciones o rellenos en el bizcocho para personalizar aún más el hechizo. Las fresas (amor, paz) y las frambuesas (amor, fidelidad, deseo) son perfectas para esta tarea.

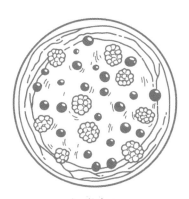

VERANO

Esta estación comienza oficialmente durante el solsticio de verano. En el hemisferio norte tiene lugar entre el 20 y el 21 de junio, y entre el 21 y el 22 de diciembre en el hemisferio sur. La noche del 23 de junio se celebra la víspera de San Juan. Esa noche es considerada «noche de brujas» en muchos lugares, y la forma en la que se celebra es muy diversa: se prepara agua de San Xoán, se queman muñecos de trapo (llamados «júas», «juanillos» o «juanes», dependiendo del lugar), arden monumentos preparados para la ocasión, se encienden hogueras, se saltan las brasas, se preparan cenas y se baila en verbenas hasta altas horas de la madrugada. Hay mil formas de celebrar esta noche tan mágica. Las fiestas del verano no terminan aquí; muchas ciudades celebran sus fiestas patronales durante esta estación.

PIZZA DE BERENJENA, QUESOS, NUECES Y MIEL PIZZA DE COMUNIDAD

Dificultad:	II
Tiempo:	III

Para una pizza necesitaremos:

- 200 g de harina de trigo.
- 100 ml de agua.
- 1 tomate.
- Media berenjena.
- Mozzarella.
- Queso parmesano.
- Miel.
- Nueces (10 o 12).
- Orégano.
- Pimienta negra.
- Sal.
- Aceite de oliva.

Los ingredientes mágicos de este hechizo son:

- Trigo: favorece el renacer de aquellas relaciones que necesitan ser restauradas.
- Tomate: protege las relaciones, las convierte en prósperas y aporta amor.
- Queso: da amor y felicidad a las relaciones.
- Miel: endulza situaciones, atrae felicidad y proporciona amor.
- Orégano: aporta felicidad, favorece el compromiso con el grupo y protege los vínculos.
- Pimienta negra: ofrece protección y purifica las energías no deseadas.

Este hechizo es perfecto para esas cenas familiares que reúnen a personas que no se llevan demasiado bien. Primero pondremos la harina en un bol (o en la misma encimera, como prefiráis trabajar) y añadiremos una pizca de sal. Haremos un hueco en el centro, como si fuese el cráter de un volcán, e incorporaremos el agua y una cucharada de aceite. Iremos mezclando, poco a poco, el líquido del centro con la harina de los bordes, hasta que quede una masa homogénea. La masa no se debería pegar a las manos; si lo hace, espolvoread un poquito de harina por encima y seguid amasando. Al amasar, haced movimientos envolventes y pliegues; mientras lo hacéis, podéis meditar sobre vuestra intención o recitar alguna oración.

«Esta masa alberga magia,

fuerza para reunir familias,

alegría para superar cualquier conflicto,

cariño para restaurar cualquier vínculo
y poder para crear una nueva comunidad».

Dejaremos reposar la masa unos 10 o 15 minutos (al no llevar levadura, el objetivo del reposo es que los ingredientes se asienten). Espolvorearemos harina sobre una superficie lisa, como la encimera, para prepararla y extender bien la masa. En este momento podemos inscribir sigilos en la harina, o trazarlos con la harina mientras la espolvoreamos. Extenderemos la masa con ayuda de un rodillo, hasta alcanzar el grosor deseado para esta. A mí me encanta que quede muy fina.

Una vez que tengamos la masa, podemos añadir nuestros ingredientes encima. Como estos son húmedos, yo horneo la base de la pizza primero, a 180 °C, con calor arriba y abajo, sin ventilador, durante unos 5 o 10 minutos con la bandeja baja, para asegurarme de que todo quedará crujiente. Luego añado los ingredientes.

En una sartén cocinaremos la berenjena, previamente pelada y cortada en láminas finas, con un poco de aceite a fuego medio-bajo. Mientras tanto, pelaremos y tamizaremos el tomate, y lo dispondremos en una capa fina sobre la masa. Podéis trazar sigilos mientras distribuís el tomate, para que queden escondidos bajo los ingredientes. Si no os gusta el amargor del tomate tamizado, usad tomate frito.

Espolvorearemos orégano y pimienta sobre el tomate, y encima pondremos la mozzarella de nuestra forma preferida: laminada, rallada… Luego distribuiremos la berenjena cocinada y las nueces mientras intencionamos todo, espolvorearemos parmesano, y dejaremos caer un hilito de miel por toda la pizza. Dibujad sigilos, runas y símbolos con la miel. Por último, hornearemos la pizza durante unos 15 minutos (o hasta que esta quede bien cocinada y el queso derretido). Depende del aparato y del gusto de cada persona, pero recomiendo poner la bandeja en la mitad inferior del horno, sin estar bajo del todo, para que la base quede crujiente y no se queme ningún ingrediente.

SIGILO DE
COMUNIDAD

SÁNDWICH DE QUESO BRIE Y ARÁNDANOS SÁNDWICH DE CARIÑO

Dificultad:	I
Tiempo:	I

Para un sándwich necesitaremos:

- 2 rebanadas de nuestro pan preferido.
- 1 trozo de queso brie.
- 1 puñado de arándanos.
- Queso mascarpone.
- Zumo de limón.
- Ralladura de limón.
- Tomillo.
- Miel.
- Mantequilla (opcional).

Los ingredientes mágicos de esta receta son:

- Queso: aporta amor y felicidad.
- Arándano: atrae tranquilidad y protección a la relación.
- Limón: protege el vínculo y lo purifica de energías no deseadas.
- Tomillo: atrae amor y positividad, además de proteger el vínculo.
- Miel: endulza la relación, aporta felicidad y un amor próspero.

Este hechizo es el indicado para aquellos días en los que las palabras suenan demasiado bruscas y todo el mundo está tenso y enfadado. En una sartén, a fuego medio-alto, pondremos los arándanos con dos cucharadas de zumo de limón, media cucharadita de la ralladura y una de tomillo. Una vez que el zumo hierva, bajaremos el fuego para que todo se cueza poco a poco durante 20 minutos (o hasta que la mezcla se espese). Mientras removéis, es el momento ideal para establecer vuestra intención y recitar una oración que encante la receta. Cuando estén los arándanos cocinados, retiraremos la sartén del fuego.

> «Cada bocado es un imán
> que atrae besos y caricias,
> y da la bienvenida a buenos momentos
> y a abrazos que parecen eternos».

En otra sartén tostaremos las rebanadas de pan, únicamente por el lado que estará al exterior del sándwich. Podéis ponerle una fina capa de mantequilla por esa cara antes de tostarla, para que esté más crujiente. Cuando estén las rebanadas tostadas por un lado, colocadlas sobre un plato y untad un poco de mascarpone por el lado no tostado. Encima, pondremos una capa de los arándanos que cocinamos anteriormente. Por último, pondremos el queso brie, bien repartido, y cerraremos el sándwich con cuidado.

Para que se funda el queso, hay que calentar el sándwich un poco. Podéis hacerlo en la sartén donde se tostó el pan, pero yo prefiero ponerlo 10 minutos en el horno a 180 °C, sin ventilador, con calor arriba y abajo. ¡Es que si lo hago en la sartén me cuesta darle la vuelta, o se me quema el pan, o no lo puedo sacar! Por último, le añadiremos un poco de miel antes de darle un bocado.

PANECILLOS DE HIERBAS Y MIEL
PANECILLOS MÁGICOS DEL BUEN DÍA

Dificultad:	**II**
Tiempo:	**III**

Para estos panecillos necesitaremos:

- 440 g de harina de trigo.
- 180 g de leche entera.
- 25 g de queso parmesano rallado.
- 2 cucharaditas de levadura en polvo.
- 3 huevos grandes.
- 6 cucharadas de mantequilla (a temperatura ambiente).
- 2 cucharadas de miel.
- 2 dientes de ajo.
- 1 puñado de albahaca fresca.
- 1 cucharada de tomillo en polvo.
- 1 cucharada de romero en polvo.
- Sal.

Los ingredientes mágicos del hechizo son:

- Trigo: atrae abundancia y prosperidad.
- Leche: atrae prosperidad.
- Queso: aporta amor y felicidad al hechizo.
- Huevo: proporciona protección y vitalidad.
- Miel: endulza situaciones amargas y da felicidad.
- Albahaca: atrae la buena fortuna y las relaciones prósperas, además de aportar protección.
- Tomillo: proporciona protección, además de positividad y amor.
- Romero: da protección y purifica de energías no deseadas, además de atraer el amor.

Este hechizo es ideal para consumir a diario, pero sobre todo para ayudar con aquellos días que serán complicados. En un bol, tamizaremos la harina junto con la levadura y añadiremos la leche, los huevos, la miel y una cucharadita de sal poco a poco. Mezclaremos todo bien con ayuda de una espátula y amasaremos durante varios minutos. Añadiremos dos cucharadas de mantequilla y amasaremos con la espátula un par de minutos más. Si la masa está pegajosa, id añadiendo harina poco a poco hasta que esté suave al tacto. Para incorporarla bien, ayudaos de las manos y haced pliegues conforme añadáis harina. Cubriremos el bol con film plástico o un trapo, y lo dejaremos reposar durante una hora (o hasta que duplique su tamaño). Recordad acompañar el momento de mezclar y amasar ingredientes de una oración que encante la receta:

«En la miga de este pan se esconde
toda la suerte posible,
toda la alegría,
toda la fortuna
y todos los amores.
Mordiendo su corteza trenzada
viene a mi día toda su magia».

Mientras dejamos reposar la masa, mezclaremos la mantequilla restante con los dientes de ajo (picados), el queso parmesano, una pizca de sal, la albahaca, el tomillo y el romero en un bol pequeño. También precalentaremos el horno a 180 °C sin ventilador, con calor arriba y abajo.

Cuando haya pasado el tiempo de reposo, aplastaremos la masa del bol con los puños y la pasaremos a una superficie enharinada (la encimera, por ejemplo). La extenderemos en forma de rectángulo, de modo que la masa quede fina. Untaremos por encima la mezcla de mantequilla que hicimos anteriormente, del modo más uniforme posible.

Luego enrollaremos la masa en forma de «churro» alargado, de manera que quede la parte de la mantequilla en el interior. Si queremos hacer un único pan, cortaremos este rollo longitudinalmente (a lo largo por la mitad), dejando una unión en uno de los extremos. Y, si deseamos hacer varios panecillos, dividiremos la masa en tres o cuatro partes, volveremos a enrollar un poquito (sin que las piezas queden finas) y cortaremos cada una longitudinalmente, evitando cortar uno de los extremos. Dejando esa unión en el lateral, el trenzado posterior será mucho más fácil.

Enrollaremos los dos «lados» de cada una de nuestras piezas de masa como si formasen una cuerda, girando un poquito cada lado conforme lo trenzamos. Enrollaremos esta trenza en una única espiral grande si el panecillo es pequeño, o en dos espirales unidas si estamos elaborando un único pan. Para hacer estas espirales unidas, simplemente hay que empezar a enrollar un extremo en un sentido y, al llegar a la mitad de la trenza, enrollar el otro extremo en el sentido contrario.

Cuando ya hayamos formado los panecillos, los hornearemos a 180 °C durante unos 25 o 30 minutos, hasta que estén dorados y se hayan cocinado bien por dentro. Si habéis decidido hacer un único pan, a lo mejor este necesita cinco minutos más de horneado. Por último, servidlo cuando aún esté un poco caliente.

SIGILO DE
BUEN DIA

Si queréis disfrutar de esta receta durante muchos días, preparad varios panes y congeladlos (hacedlo por rebanadas si son muy grandes). Luego solo tendréis que calentar en el horno, o poner en una tostadora, el trozo que tomaréis. En ese momento, podéis volver a intencionar el pan que uséis para que os ayude con ese día en concreto.

LIMONADA DE FRUTOS ROJOS
LIMONADA DEL BUEN VERANO

Dificultad:	I	**Para 4 personas necesitaremos:**
		○ 150 g de azúcar. ○ 2 limones (con la piel fina).
Tiempo:	I	○ 50 g de moras. ○ 1 l de agua (fría).
		○ 50 g de frambuesas. ○ Menta.
		○ 50 g de arándanos. ○ Hielo.
		○ 50 g de fresas.

Los ingredientes mágicos del hechizo son:

○ Azúcar: endulza situaciones amargas, atrae amor.
○ Mora: atrae abundancia y protección.
○ Frambuesa: proporciona amor y amabilidad, aporta energía.
○ Arándano: añade paz y tranquilidad, además de protección.
○ Fresa: aporta felicidad y amor, además de atraer la buena suerte y las buenas amistades.
○ Limón: purifica las energías no deseadas, atrae salud y aporta protección.
○ Menta: atrae la buena suerte y la prosperidad, protege y asegura buenos viajes.

Consumir un vasito de esta limonada de vez en cuando asegurará que las propiedades mágicas del hechizo impregnen los días de esta estación. En una batidora pondremos el azúcar y las frutas (menos el limón) y lo picaremos hasta que se forme una especie de pasta homogénea. Podéis usar azúcar glas o picarlo antes de añadir la fruta. ¡Recordad intencionar cada uno de los ingredientes!

Después, añadiremos los limones a trocitos. Si no tenéis limones de piel fina, peladlos y quitad la parte blanca; quedaos únicamente con la pulpa. Aseguraos de que no tenga pepitas y volved a batir.

Añadid el agua y un puñadito de hojas de menta, y batid una última vez hasta que quede bien líquido y mezclado. Servid la limonada directamente en un vaso con hielos, o coladla antes con un colador no muy fino. En el momento de servir recitad una pequeña oración.

> «Este líquido encantado asegura un buen verano, prosperidad y alegrías durante la temporada, y amistades para disfrutar de la noche a la mañana».

HOJALDRE DE MANZANA
HOJALDRE DE PROTECCIÓN SENTIMENTAL

Dificultad:	I
Tiempo:	II

Para un hojaldre necesitaremos:

- 2 manzanas rojas.
- 1 lámina de masa de hojaldre.
- Panela (o azúcar moreno).
- Canela en polvo.
- Miel (opcional).
- Limón (opcional).

Los ingredientes mágicos de este hechizo son:

- Manzana: aporta amor al hechizo.
- Panela: endulza situaciones y palabras.
- Canela: ofrece protección, además de amor.
- Miel: endulza situaciones y atrae un amor próspero.
- Limón: aporta protección y purificación de energías no deseadas.

Este hechizo es perfecto para aquellas épocas en las que decidimos conocer gente nueva o para consumir antes de una primera cita. Empezaremos extendiendo la lámina de hojaldre sobre la encimera. Humedeceremos un poco la superficie con ayuda de los dedos y un poco de agua tibia. Trenzaremos los bordes del hojaldre, haciendo pequeñas dobleces del exterior al centro. Con un tenedor, haremos agujeritos dispersos por toda la base, para que no se infle en el horno. Este es el momento ideal para dibujar sigilos en la masa; podéis inscribirlos con puntitos. Después, espolvorearemos un poco de panela y un poco de canela.

Trocearemos la manzana en lonchas muy finas; hay personas que prefieren pelar la manzana antes y otras que simplemente la lavan. Estas «rebanadas» de manzana deberían ser de unos 2 o 3 milímetros de grosor. Las dispondremos en el hojaldre, superponiéndolas y creando un diseño que nos guste: de izquierda a derecha o desde fuera hasta el centro. Para un efecto más bonito, haced filas donde los centros de las rebanadas coincidan con los extremos de la fila anterior; como si fuesen escamas de un pez.

Mientras hacéis esta tarea tan repetitiva de disponer trocitos de manzana, os recomiendo recitar una pequeña oración acorde con el hechizo.

«Cada bocado de este dulce protege,
toda negatividad repele
y toda envidia esquiva.
Guarda bien la energía
de la persona que lo muerde».

Espolvorearemos un poquito de panela por encima de la manzana. Después, hornearemos el hojaldre a 180 °C con calor arriba y abajo, sin ventilador durante unos 10 o 15 minutos (o hasta que esté dorado) con la bandeja en la mitad inferior del horno. Al sacarlo, lo dejaremos enfriar un poquito y espolvorearemos un poco más de panela y canela, si así lo deseamos. También podemos pintarlo con una mezcla de miel derretida y limón.

TORTITAS CON MANZANA DULCE
TORTITAS DE AMOR

Dificultad:	II
Tiempo:	II

Para 2 o 3 personas necesitaremos:
- 200 g de harina.
- 275 ml de leche.
- 20 g de azúcar.
- 8 g de levadura en polvo.
- 2 huevos grandes.
- Mantequilla.
- Sal.

Para acompañar las tortitas:
- 2 manzanas.
- 1 cucharada de zumo de limón.
- 1 cucharada de miel.
- 1 cucharada de azúcar moreno.

Los ingredientes mágicos de este hechizo son:
- Leche: atrae un amor abundante y próspero.
- Mantequilla: aporta suavidad a las relaciones.
- Azúcar: añade atracción y amor, además de endulzar la relación.
- Huevo: protege el vínculo.
- Manzana: aporta amor.
- Limón: protege el vínculo y purifica las energías no deseadas.
- Miel: endulza situaciones, además de atraer felicidad, pasión y un amor próspero.

Este hechizo sirve para atraer el amor, en general, en cualquier momento, pero es perfecto para consumir con una pareja y «mejorar» el amor ya existente. En un bol, tamizaremos la harina y la levadura, y lo mezclaremos con el azúcar y una pizca de sal. En otro recipiente, batiremos los huevos con unas varillas hasta que queden un poco espumosos (no simplemente mezclados). Así nos aseguramos de que las tortitas estén esponjosas. Añadiremos la leche a los huevos y volveremos a batir bien. Derretiremos la mantequilla con cuidado, sin que quede demasiado caliente, la añadiremos al bol con los huevos y la leche, y batiremos más. Para terminar nuestra masa, mezclaremos bien el contenido de ambos recipientes, teniendo cuidado de que no haya grumos. Este es el momento ideal para encantar la masa mediante una oración.

«**Llenos de próspero amor**
están los bocados,
rebosan atracción y dulzura
durante la cocción».

Dejaremos reposar la masa durante un cuarto de hora y, pasado este tiempo, cocinaremos las tortitas en una sartén con mantequilla (para evitar que se peguen). Para hacer cada tortita, cogeremos la masa con un cazo y la pondremos poco a poco sobre la sartén caliente. Cuando esté suficientemente hecha, le daremos la vuelta. Hacedlas a fuego medio-bajo, para que les dé tiempo a cocinarse sin quemarse.

Para preparar nuestro acompañamiento, pelaremos y cortaremos las manzanas en trozos. El tamaño del corte será un poco según nuestro gusto, pero yo recomiendo que no superen el medio centímetro. Pondremos la manzana en una sartén pequeña a fuego medio-bajo, y añadiremos la cucharada de azúcar mientras removemos. Poco a poco, sin dejar de mezclar, se irá caramelizando nuestra fruta. Recordad intencionar cada ingrediente conforme lo incorporéis a la sartén. Añadiremos después la cucharada de zumo de limón y la de miel, y seguiremos removiendo, bajando el fuego si la manzana se tuesta demasiado. Debe quedar una especie de «compota»: una mezcla de textura un poco densa. Una vez lista, la podemos poner sobre nuestras tortitas mágicas.

POLOS DE COCO Y CEREZAS
POLOS DE AMOR PROPIO

Dificultad:	I
Tiempo:	II

Para 4 polos necesitaremos:
- 330 ml de agua de coco.
- 1 vaso de cerezas.
- 1 cucharada de azúcar.
- 1/2 cucharadita de esencia de vainilla.

Los ingredientes mágicos del hechizo son:
- Coco: aporta protección.
- Cereza: proporciona amor propio.
- Azúcar: ayuda a endulzar la forma en la que nos vemos.
- Vainilla: aporta belleza y amor propio.

Tener un par de estos polos en el congelador es genial para los momentos de bajón emocional. Primero, lavaremos las cerezas y las partiremos para eliminar el hueso. Las trituraremos con una batidora (o con un tenedor y mucha paciencia) hasta obtener una textura de puré. Añadiremos al puré de cerezas el azúcar y la vainilla, y mezclaremos todo bien. Este es el momento perfecto para inscribir un sigilo en el puré de cereza, o para recitar una pequeña oración.

La forma más rápida de hacer los polos es mezclar el puré de cerezas con el agua de coco directamente, y luego rellenar los moldes para helados. Debido a la densidad de la cereza, muchas veces esta acabará cayendo antes de congelarse por completo, y nos dejará medio polo de solo agua de coco. Para evitarlo, podemos poner un poquito de puré en cada molde, congelarlo unos minutos, poner una capa de agua de coco, volver a congelarlo todo… Así hasta llenar por completo los moldes e introducir los palitos.

Una vez rellenos, volveremos a congelar todo durante al menos una hora antes de retirar los polos del molde.

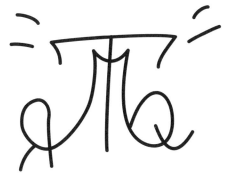

SIGILO
«ME QUIERO Y ME ACEPTO»

COCA DE SANT JOAN

Dificultad:	III
Tiempo:	III

Para una coca necesitaremos:

- 500 g de harina de trigo.
- 25 g de levadura fresca.
- 100 g de azúcar.
- 150 g de mantequilla.
- 190 ml de leche.
- 8 g de sal.
- 1 huevo grande.
- 1 huevo batido (para pintar).
- Ralladura de limón.
- Crema pastelera.
- Piñones.
- Fruta confitada (opcional).

Los ingredientes mágicos de este hechizo son:

- Trigo: simboliza el renacer asociado con este día en la quema de las hogueras.
- Azúcar: atrae dulzura para los meses siguientes.
- Leche: ofrece abundancia.
- Huevo: proporciona protección para el camino que nos espera.
- Limón: aporta protección y nos purifica de aquellas energías indeseadas.
- Piñones: sana las heridas pasadas y atrae fuerza, además de dar protección y purificación.
- Fruta confitada: atraerá las cualidades de aquellas frutas que se empleen.

Celebrar el solsticio de verano con este postre atrae todas sus propiedades mágicas y las amplifica conforme los días se alargan. Primero precalentaremos el horno a 200 °C, con calor arriba y abajo, y sin ventilador. En un bol, mezclaremos la leche y la levadura. Añadiremos la harina tamizada, el azúcar, la sal y el huevo grande un poco batido. ¡Recordad intencionar los ingredientes conforme los empleéis! Después, pondremos la ralladura del limón y amasaremos bien durante varios minutos, haciendo pliegues. Añadiremos la mantequilla a temperatura ambiente y amasaremos otra vez haciendo pliegues, hasta incorporarla por completo. Taparemos el bol con film plástico y dejaremos reposar la masa durante media hora. Poniendo nuestras manos por encima del bol, estableceremos claramente su finalidad mágica mediante una pequeña oración.

> **«Todos estos ingredientes trabajan a mi favor,**
> **tienen un claro objetivo,**
> **una buena vida para el año próximo**
> **y facilitarme el camino».**

Pasado este tiempo, romperemos la fermentación clavando los puños en la masa y volviendo a amasar un poco. Estiraremos la masa sobre una bandeja de horno bien preparada (con papel vegetal, aceite…) y la pintaremos con el huevo batido ayudándonos de un pincel de cocina. Con una manga pastelera, decoraremos la superficie de la coca con la crema pastelera, disponiéndola en forma de rejilla. Esconded runas y sigilos en el diseño. En los huequecitos que deje la rejilla, podemos decorar con piñones o con la fruta. Después, dejaremos que fermente durante otra media hora (o más, si a la masa le cuesta subir un poco). En último lugar, espolvorearemos un poco de azúcar por encima y hornearemos la coca a 200 °C (con calor arriba y abajo, sin ventilador) hasta que quede bien dorada.

OTOÑO

Esta estación tiene su inicio durante el equinoccio de otoño (empieza alrededor del 22 o 23 de septiembre en el hemisferio norte y alrededor del 20 o 21 de marzo en el hemisferio sur). Reúne muchísimas festividades, además de las de la rueda pagana (Mabon y Samhain), como Sant Dionís, la *castanyada*, el Día de Muertos y las fiestas de la vendimia. Las dos primeras son mis fiestas preferidas.

El 9 de octubre, Sant Dionís, en tierras valencianas es tradicional la *mocaorà* («pañuelada»). Las parejas se obsequian con un regalo de dulces de mazapán, con forma de frutas y verduras, envueltos en un pañuelo de seda atado por las puntas. Uno de los orígenes de esta tradición se remonta a cuando Jaume I entró a Valencia: los andalusíes regalaron productos de la huerta a su esposa, y por eso los enamorados ahora se regalan figuritas.

La *castanyada* se celebra, sobre todo en tierras catalanas, entre el 31 de octubre y el 1 de noviembre y tiene su origen en un antiguo ritual fúnebre. Antiguamente, en las comidas fúnebres se servían frutos secos, legumbres y los «panes» que se ofrendaban a las personas difuntas (*panets, panellets*…). También se rezaba el rosario por las ancestras de la familia y se tostaban castañas. Estas comidas rituales tenían un simbolismo de «comunión» con personas que ya no estaban. Hoy se montan puestos de castañas en las calles, se comen panellets y boniatos, y se bebe moscatel.

Celebréis lo que celebréis, el otoño es tiempo de familia, de apreciación y de agradecimiento por los frutos del verano.

ARROZ DE SETAS Y ROMERO
ARROZ DE LAS MONTAÑAS

Dificultad:	II
Tiempo:	II

Para 2 personas necesitaremos:
- 1 vaso de arroz bomba.
- 3 vasos de caldo de verduras.
- 1/2 cebolla.
- 1 tomate mediano.
- 2 vasos de setas frescas.
- 1 diente de ajo.
- Romero.
- Tomillo.
- Eneldo.
- Pimienta negra.
- Sal.
- Aceite de oliva.

Los ingredientes mágicos de este hechizo son:
- Arroz: atrae prosperidad y seguridad.
- Cebolla: aporta protección y purificación de energías no deseadas.
- Tomate: da protección y atrae prosperidad.
- Seta: ofrece estabilidad, fuerza y confianza.
- Ajo: atrae prosperidad, protege y purifica.
- Romero: purifica y protege, aporta fuerza y revitalización.
- Tomillo: atrae riquezas y positividad, ofrece protección y fuerza.
- Eneldo: favorece la adaptación, protege y atrae abundancia.
- Pimienta negra: ofrece claridad ante la situación, protege y purifica.
- Aceite de oliva: aporta paz en el proceso

Este arroz es genial para aquellos momentos de inseguridad, cuando todo parece desmoronarse y en los que necesitemos una toma de tierra.

Primero comenzaremos picando muy finito el diente de ajo y la cebolla. Además, rallaremos el tomate. En una sartén de suficiente profundidad pondremos un poco de aceite, la cebolla y el ajo a fuego medio-bajo, para que vayan sofriéndose y desprendiendo el sabor. Cuando la cebolla esté transparente, incorporaremos el tomate y removeremos bien. Mientras se evapora el agua del tomate rallado, añadiremos poco a poco nuestras especias, intencionándolas correctamente. Podemos bajar el fuego para que no se queme nada. Este es el momento ideal para trazar algún sigilo en el sofrito.

Una vez que el contenido de la sartén haya espesado, añadiremos un poquito más de aceite, un chorrito del caldo de verduras y las setas troceadas. Justo después pondremos el arroz y lo saltearemos durante un par de minutos a fuego medio-alto. Pasado este tiempo, añadiremos el resto del caldo y dejaremos que el arroz se cocine por completo (suele tardar unos 15 minutos). Si veis que el arroz se seca demasiado mientras está en la sartén, antes de que se cueza por completo añadid un pelín más de caldo (o un par de cucharadas de agua). Pasado el tiempo de cocción, con el arroz al punto, apagaremos el fuego y dejaremos reposar el arroz durante 5 minutos. Añadid una ramita de romero justo encima y tapad la sartén durante el tiempo de reposo para aromatizar aún más la receta.

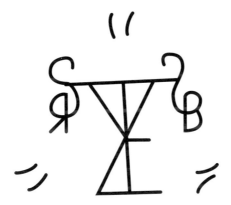

SIGILO DE
ESTABILIDAD
Y FUERZA

HORNEADO DE COLIFLOR
HORNEADO DE LUNA LLENA

Dificultad:	II
Tiempo:	II

Para 2 personas necesitaremos:
- 1 coliflor grande.
- 4 huevos medianos.
- 200 g de queso rallado emmental.
- 150 ml de leche entera.
- Orégano.
- Tomillo.
- Pimienta negra.
- Sal.

Los ingredientes mágicos de este hechizo son:
- Coliflor: representa la Luna y su energía.
- Huevo: ofrece protección para el próximo ciclo lunar.
- Queso: atrae felicidad.
- Orégano: protege, atrae felicidad y suerte.
- Tomillo: ofrece protección y positividad.
- Pimienta negra: purifica y protege, aporta fuerza para el siguiente ciclo.

SIGILO DE
«BUEN PRÓXIMO CICLO»

Incluid esta receta en vuestro ritual de luna llena. En primer lugar, lavaremos y cortaremos la coliflor en ramilletes medianos. Herviremos la coliflor en una olla con agua durante 10 minutos, con la tapa puesta. Iremos precalentando el horno a 200 °C, con calor arriba y abajo, sin ventilador. Luego, escurriremos bien la coliflor. Podéis tallar runas y sigilos en el tallo de la coliflor.

En un bol batiremos los huevos y añadiremos la leche, la sal, las especias y la mitad del queso, intencionando todo bien mientras lo mezclamos. Este es el momento perfecto para recitar una pequeña oración. En un recipiente para horno pondremos la coliflor y distribuiremos sobre ella nuestra mezcla de huevo y especias. Espolvorearemos el resto del queso por encima y añadiremos un pelín más de orégano; podéis dibujar sigilos con estos ingredientes. Hornearemos durante unos 15 minutos, estando pendientes de que el queso no se queme. Pasado el tiempo, ya estará listo para servir.

CREMA DE CALABAZA
CREMA DE ADIVINACIÓN

Dificultad:	II
Tiempo:	II

Para 4 personas necesitaremos:
- 750 g de calabaza.
- 1 patata.
- 1/2 vaso de leche.
- 4 quesitos (o un trocito de queso tierno rallado).
- Pimienta negra.
- Sal.
- Aceite de oliva.

Los ingredientes mágicos de este hechizo son:
- Calabaza: facilita el trabajo adivinatorio y las conexiones con personas difuntas.
- Patata: estabiliza y ofrece una toma de tierra.
- Pimienta negra: da protección y estimulación, además de claridad.
- Aceite de oliva: aporta paz en el proceso para poder pensar bien.

Tomad un bol de esta crema antes de hacer algún trabajo adivinatorio o de comunicaros con vuestras ancestras, para facilitar el proceso. Comenzaremos pelando y cortando la patata a daditos. También pelaremos y cortaremos la calabaza en trozos pequeños, retirando las semillas y las hebras del centro. En una olla a fuego medio-alto pondremos un poco de aceite, la patata, la calabaza, la sal y la pimienta. Recordad intencionar cada ingrediente. Echaremos el agua necesaria para cubrir el contenido de la olla, sin pasarse. Dejaremos cocer durante 20 minutos, removiendo de vez en cuando. Pasado el tiempo de cocción, añadiremos la leche y los quesitos, y trituraremos bien con una batidora de mano. Si la crema ha quedado muy espesa, añadid agua poco a poco hasta conseguir la textura deseada. Para terminar de encantar la crema, inscribid un sigilo de adivinación dejando caer un chorrito de aceite sobre la superficie.

SIGILO DE ADIVINACIÓN
E INTUICIÓN

PUCHERO DE LENTEJAS
CALDERO DE BRUJA

Dificultad: III

Tiempo: III

Para 4 personas necesitaremos:
- 500 g de lentejas secas.
- 2 patatas.
- 2 zanahorias.
- 1/2 cebolla.
- 1 tomate.
- 2 dientes de ajo.
- 2 hojas de laurel.
- Tomillo.
- Eneldo.
- Romero.
- Pimienta.
- Pimentón dulce.
- Sal.
- Aceite de oliva.

Los ingredientes mágicos de este hechizo son:
- Lenteja: representa los ciclos, aporta energía al hechizo y atrae la buena suerte.
- Patata: estabiliza la energía y aporta protección.
- Zanahoria: atrae la sanación de las heridas de tiempos anteriores.
- Cebolla: protege, purifica las energías no deseadas, atrae la salud y elimina bloqueos sentimentales.
- Tomate: ofrece protección y atrae prosperidad y amor.
- Ajo: aleja la negatividad, ofrece protección y purificación, además de prosperidad.
- Laurel: aporta protección, promueve el desarrollo y atrae el éxito.
- Tomillo: da protección, atrae positividad, riquezas y amor.
- Eneldo: destierra la negatividad, favorece la adaptación a nuevos contextos, atrae el amor y la abundancia.
- Romero: purifica y protege, además de ofrecer revitalización y fuerza, y atrae el amor.
- Pimienta negra: protege y purifica, ofrece claridad en las situaciones complicadas.
- Pimentón dulce: da energía al hechizo, rompe con trabajos mágicos indeseados y atrae el amor.
- Aceite de oliva: aporta paz.

Un caldero de bruja es una receta que sirve para bastantes usos. Por eso se suele preparar cuando hemos pasado una mala racha o cuando tenemos unas semanas duras por delante. Al haber tanta variedad de energías e intenciones, es importante que todas ellas se agrupen en una a la hora de encantar el hechizo «en general» con una oración o un sigilo. Es decir, intencionaremos los ingredientes por separado, pero luego enfocaremos todas estas energías hacia un único objetivo: una mejora general. Esto pasa en muchos otros hechizos, pero la lista de ingredientes es menor y esto facilita un poco la tarea.

La noche anterior a la preparación de nuestra receta, dejaremos las lentejas en remojo. Al día siguiente habrán duplicado su tamaño al absorber el agua y ya estarán listas para ser cocinadas. Hay que escurrirlas bien primero.

Empezaremos picando, en trocitos muy pequeños, el ajo y la cebolla. Lo sofreiremos, con un poco de aceite, en una olla a fuego bajo durante cuatro minutos. Mientras tanto, rallaremos el tomate y lo añadiremos a la olla. Pondremos una pizca de tomillo, de romero y de eneldo, una cuarta parte de cucharadita de pimentón y sal y pimienta al gusto. Intencionad bien cada una de las especias. Pelaremos las zanahorias, las cortaremos en taquitos y también las añadiremos. Dejaremos cocer todo unos tres o cuatro minutos más.

Añadiremos a la olla las patatas, peladas y cortadas en dados junto con las lentejas y las hojas de laurel. Lo pondremos a cocer dos minutos y, después, cubriremos todo el contenido de la olla con agua. Subiremos el fuego y, cuando hierva, lo bajaremos al mínimo para que solo se mantenga un pequeño burbujeo. Dejaremos entonces que cueza todo bien durante 50 minutos, aproximadamente, con la olla tapada, hasta que las lentejas estén tiernas. Si notamos que se secan demasiado, añadiremos un vasito de agua. Es en este momento de cocción cuando

PUCHERO DE LENTEJAS
CALDERO DE BRUJA

encantaremos el caldero de bruja para que mejore nuestra situación. Escribid una oración específica para el momento en el que os encontráis.

«Este fuego quema
todo aquello que no quiero,
rompe todo hechizo ajeno
e impregna el agua de energía.
Cuece ahora aquello que debe llegar a mi vida:
amor, paz, riquezas y fortaleza.
Estoy protegida y guardada,
preparada para recibir
buenos tiempos y alegrías».

CRUJIENTE DE CHOCOLATE Y GRANADA DULCE DE ANCESTRAS

Dificultad:	II
Tiempo:	II

Para 8 raciones necesitaremos:
- 400 g de chocolate negro.
- 2 granadas.
- 1 puñado de nueces.

Los ingredientes mágicos de este hechizo son:
- Chocolate negro: aporta estabilidad y prosperidad, está relacionado con el amor.
- Granada: es una ofrenda a las personas difuntas, vínculo con las antepasadas.
- Nuez: da protección, claridad en las visiones.

Primero, cortaremos las granadas por la mitad horizontal y sacaremos sus semillas. Después, pelaremos y picaremos las nueces. Fundiremos el chocolate al baño maría muy poco a poco, sin que el agua llegue a hervir. Podéis simplemente fundirlo o atemperarlo para que quede brillante.

Sobre una lámina de papel vegetal, extenderemos el chocolate en una capa fina. Por encima dispondremos la granada y las nueces. Os recomiendo trazar pequeños sigilos y recitar alguna oración en este momento. Luego, simplemente dejaremos que el chocolate se enfríe, formando una gran tableta. Esta la partiremos en trozos para acompañar un café o una infusión. También resulta un dulce ideal para ofrecer en vuestro altar de ancestras.

SIGILO DE VÍNCULO CON ANTEPASADAS

MANZANA DE CARAMELO
BOCADOS DE DULZURA

Dificultad:	II	
Tiempo:	II	

Para 4 personas necesitaremos:
- 4 manzanas rojas medianas.
- 300 g de azúcar.
- 100 g de mantequilla.
- 50 ml de agua.
- Zumo de medio limón.
- 1 cucharadita de esencia de vainilla.

Los ingredientes mágicos de este hechizo son:
- Manzana: aporta amor.
- Azúcar: proporciona atracción y amor, además de endulzar los vínculos.
- Mantequilla: aporta suavidad a las relaciones.
- Vainilla: da amor y felicidad, además de endulzar situaciones amargas.

Haced esta receta cuando necesitéis un extra de dulzura en vuestra vida, cuando las palabras suenen muy bruscas o cuando hayáis tenido un día muy amargo. Empezaremos lavando y secando muy bien las manzanas. Arrancaremos el rabillo, si es que lo tienen, y clavaremos un palo de madera en cada una de las manzanas. En un cazo a fuego bajo pondremos el azúcar, el agua y el zumo de limón. Removeremos poco a poco, para que todo se derrita de modo uniforme. Cuando esté todo derretido será el momento de añadir la mantequilla y la vainilla, y seguir removiendo. Al hacer el caramelo, la mezcla alcanza altas temperaturas; por eso os recomiendo que remováis con una cuchara de madera.

Cuando tome color, apartaremos el cazo del fuego y bañaremos en él las manzanas, una a una, con ayuda de la cuchara para distribuir el caramelo. Si el cazo no es lo suficientemente profundo, podéis poner el contenido de la olla en un bol que sí tenga suficiente profundidad. Mientras lo hacemos, recitaremos una pequeña oración:

«La dulzura del caramelo
se materializa en mi vida;
los malos momentos son imperceptibles,
las malas palabras son endulzadas.
Recibo dulzura y desprendo dulzura».

Al cubrir de caramelo una manzana, tendréis que esperar unos segundos a que se enfríe dándole vueltecitas antes de ponerla sobre un papel de horno para que enfríe. Si no queréis esperar, preparad un bol muy profundo con agua fría y hielo, y sumergid en este la manzana recién cubierta de caramelo durante uno o dos segundos. Luego dejadla reposar hasta que esté fría por completo.

PANELLETS

Dificultad:	II
Tiempo:	III

Para 12 panellets necesitaremos:
- 170 g de almendra molida.
- 150 g de boniato.
- 150 g de piñones.
- 130 g de azúcar.
- 1 yema de huevo mediano.
- Ralladura de 1 limón.

Los ingredientes mágicos de este hechizo son:
- Almendras: aportan amor y belleza, además de fomentar el sentimiento de familia.
- Boniato: da estabilidad y armonía, y atrae la amistad.
- Piñón: da protección y purifica de energías no deseadas.
- Azúcar: atrae amor y endulza las situaciones amargas.
- Huevo: aporta protección.
- Limón: purifica y protege.

Preparad estos dulces durante el mes de octubre y ofrecedle un par de ellos a vuestras ancestras. Antes de empezar, quiero contaros que existen varias maneras de hacer estos dulces; hay mil recetas y variantes: de chocolate, de coco, de café, con piñones, con nueces… La lista es infinita, y cada persona tiene una receta preferida. Esta es la mía: *panellets* de boniato y piñones.

Primero, herviremos el boniato en agua durante unos 20 minutos a fuego medio-bajo. Luego, lo dejaremos enfriar un poco, lo pelaremos y lo haremos puré con ayuda de un tenedor. En un bol mezclaremos el puré de boniato, el azúcar y la ralladura de limón. Después, añadiremos la yema de huevo y amasaremos todo bien para incorporarla. ¡Recordad intencionar cada ingrediente conforme lo añadís a la receta! Por último, integraremos la almendra molida con el resto de los ingredientes. Debe quedar una masa homogénea. Mientras amasamos recitaremos una pequeña oración:

«**Estos pequeños dulces
albergan calma para estar todas unidas,
armonía para escucharnos,
amor para compartir momentos
y protección, para que la energía de la familia
no sea perturbada**».

Precalentaremos el horno a 180 °C, con calor por arriba y abajo, y sin ventilador. Haremos pequeñas bolitas de masa para darle forma a nuestros panellets; deben ser de unos 3 cm de diámetro. Los rebozaremos en piñones y los colocaremos en una bandeja para horno preparada con papel vegetal. Luego, hornearemos los panellets durante 15 minutos o hasta que estén dorados. Una vez cocinados, los dejaremos enfriar.

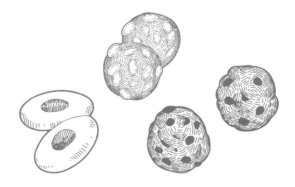

PASTEL DE CALABAZA
POSTRE DE SAMHAIN

Dificultad:	II
Tiempo:	IV

Para la base del pastel necesitaremos:

- 150 g de harina de trigo.
- 60 g de manteca vegetal.
- 50 g de mantequilla.
- 60 ml de agua muy fría.
- 1 huevo.
- 1 cucharada de leche.
- Sal.

Para el relleno:

- 450 g de calabaza horneada.
- 250 g de azúcar moreno.
- 240 ml de nata para cocinar.
- 60 ml de leche.
- 3 huevos grandes.
- 1 cucharada de maicena.
- 1/2 cucharadita de sal.
- 1 y 1/2 cucharaditas de canela en polvo.
- 3 clavos molidos.
- Pimienta negra.
- Jengibre.
- Nuez moscada.
- Sal.

Los ingredientes mágicos de este hechizo son:

- Calabaza: representa a aquellas personas difuntas.
- Azúcar moreno: endulza los recuerdos.
- Leche: ofrenda a las ancestras.
- Huevo: aporta protección.
- Maíz: da protección, representa la muerte y el renacer.
- Canela: ofrece protección, fomenta la espiritualidad.
- Clavo: purifica y protege.
- Pimienta negra: protege, purifica y aporta claridad en las visiones.
- Jengibre: da un extra de energía al hechizo.
- Nuez moscada: fomenta la clarividencia.

Este postre es ideal para acompañar las celebraciones del 31 de octubre y el 1 de noviembre. ¡Ofreced un trocito en vuestro altar de ancestras!

Primero, empezaremos haciendo la base, tamizando la harina y mezclándola con una pizca de sal en un bol grande. Añadiremos la manteca y la mantequilla, y las mezclaremos con ayuda de un par de tenedores. No debe quedar una mezcla homogénea, sino trocitos y puntitos de las mantecas aún visibles. Añadid el agua fría muy poco a poco, removiendo de forma constante con una cuchara de madera o una espátula. Dejad de añadir agua cuando la masa se empiece a «agrupar» en grumos grandes.

En una superficie enharinada, amasaremos la base del pastel hasta que todo quede bien incorporado. Si notáis la masa pegajosa, añadid un poco más de harina; si está muy seca y se deshace, humedeceos las manos y amasad. Formaremos una bola, la aplastaremos para formar un disco de unos 3 cm de grosor y la envolveremos en film plástico. Refrigeraremos nuestra masa durante un mínimo de dos horas. Después, ya estará lista para ser extendida. Con ayuda de un rodillo, sobre una superficie enharinada, haremos una lámina de masa de menos de 1 cm de grosor. Ayudaos del rodillo para transferir la masa al molde del pastel. Doblaremos la masa que sobresalga para formar un borde crujiente. Batiremos uno de los huevos con una cucharada de leche y pintaremos la superficie con la mezcla.

PASTEL DE CALABAZA
POSTRE DE SAMHAIN

Moldearemos un papel de horno para que encaje con la base y pondremos sobre ella pesas cerámicas para pasteles o legumbres; así, al hornear la corteza, no se formarán burbujas que impidan rellenar el pastel luego. Hornearemos la corteza durante 10 minutos a 180 °C (calor por arriba y abajo, sin ventilador). La sacaremos del horno, le quitaremos el papel y las pesas, haremos agujeritos en el fondo con un tenedor, y volveremos a hornear durante 7 u 8 minutos más. Al hacer estos agujeritos, podemos trazar sigilos con ayuda de un palillo. Retiraremos la corteza del horno cuando el fondo de esta empiece a tomar color.

Para el horneado previo de la calabaza, la partiremos por la mitad, la pondremos en una bandeja de horno de manera que el lado de la piel quede hacia arriba, y hornearemos durante unos 40 minutos a 180 °C (calor por arriba y abajo, sin ventilador). Luego, retiraremos la piel y las semillas, y dejaremos que enfríe. Inscribid en la carne de la calabaza vuestras runas o sigilos.

Haremos el relleno del pastel batiendo en un bol la calabaza horneada con los tres huevos y el azúcar. Nos podemos ayudar de una batidora de mano. Luego, añadiremos la maicena, la canela, una pizca de sal, otra de jengibre, un poquito de nuez moscada, los clavos molidos, una pizca de pimienta, la nata y la leche. Removeremos muy muy bien hasta formar una masa homogénea. Podemos recitar alguna oración o afirmación mientras removemos.

SIGILO «CICLOS»

«Mis antepasadas aún viven en mi recuerdo.

Las reconozco y las venero.

Su ayuda siempre es agradecida,

sus enseñanzas son bienvenidas».

Pondremos esta mezcla en nuestra corteza, aún caliente, hasta rellenar tres cuartas partes del molde. Hornearemos a 180 °C durante una hora aproximadamente, comprobando de vez en cuando durante los últimos 15 minutos si el relleno ya está firme y, por lo tanto, hecho. Al moverlo un poco, no debería moverse como si fuera un líquido, aunque un poco de movimiento justo en el centro no indica nada malo en su elaboración. Para que los bordes del pastel no se tuesten demasiado, los podéis proteger con papel de aluminio a los 20 minutos de cocción. Una vez horneado, dejad enfriar el pastel por completo antes de tomarlo.

INVIERNO

Esta estación tiene su inicio oficial durante el solsticio de invierno. Este tiene lugar entre el 19 y el 22 de diciembre en el hemisferio norte, y entre el 19 y el 23 de junio en el hemisferio sur. Esta estación abarca los meses más fríos y oscuros del año, y sus celebraciones son muy acordes con este acontecimiento. En muchísimas tradiciones y sistemas de creencias se celebra «el renacer de la luz» durante el solsticio de invierno o en los días cercanos a este. Ya sea en una cena de Yule o una comida navideña, en estas fechas buscamos la compañía de nuestras personas más queridas. Agradecemos, planificamos, nos planteamos nuevas metas y dejamos atrás aquello que ya no deseamos.

Después de las fiestas del solsticio, conforme los días se hacen más largos, encontramos una enorme cantidad de festividades que ocupan el calendario antes de la llegada de la primavera. La lista es verdaderamente larga: San Valentín, la fiesta del Jarramplas, las Carantoñas, el Peropalo, la Vijanera… Y también los carnavales de cada pueblo y ciudad. En la ciudad donde llevo viviendo más de media vida (Mollet del Vallès) se celebra de una forma curiosa. A mediados de febrero llega a la ciudad el *Rei Carnestoltes* (Rey Carnaval), un personaje que trae consigo la alegría, la locura y el desenfreno durante la semana del carnaval. Lo acompaña todo un séquito de personajes, y el pueblo lo recibe con un baile muy antiguo; el *Ball del Barraló*. Al final de la semana, el *Rei Carnestoltes* es juzgado por sus crímenes y condenado a morir en la hoguera. ¡No os preocupéis! Siempre vuelve al año siguiente.

GNOCCHI CON CALABAZA Y QUESOS
PASTA DE CREATIVIDAD

Dificultad:	II
Tiempo:	III

Para 3-4 raciones:
- 750 g de gnocchi de patata.
- 750 g de calabaza.
- 100 g de queso azul.
- 75 g de mozzarella rallada.
- 600 ml de nata de cocina.
- 2 yemas de huevo.
- Nuez moscada.
- Orégano.
- Aceite de oliva.
- Sal.
- Avellanas picadas (opcional).

Los ingredientes mágicos de este hechizo son:
- Patata: añade energía, aporta estabilidad y protección.
- Calabaza: despierta la creatividad, aporta vitalidad.
- Queso: añade sentimiento al proyecto.
- Huevo: da protección.
- Orégano: promueve la creatividad y atrae la alegría en la tarea, aporta protección.
- Aceite de oliva: atrae paz y calma los nervios.

Esta receta es genial para cuando falta inspiración o ideas para realizar un trabajo. Empezaremos precalentando el horno a 200 °C, con calor por arriba y abajo, sin ventilador. Coceremos los gnocchi siguiendo las indicaciones del producto y luego los escurriremos y enjuagaremos con agua fría. Engrasaremos con un poquito de aceite los bordes de un recipiente para horno, de unos 4 l de capacidad.

Cortaremos la calabaza en trozos de medio centímetro de grosor y la pondremos en el recipiente. Añadiremos una cucharada de aceite, las yemas de huevo, los gnocchi, una pizca de orégano y otra de nuez moscada, la mitad del queso azul, la nata y 50 g de mozzarella. Recordad intencionar cada ingrediente conforme lo añadís a la receta. Mezclaremos todo bien y espolvorearemos el resto de la mozzarella por encima. Justo en este momento podéis recitar una pequeña oración que acompañe la finalidad del hechizo.

«**Las nuevas ideas**

llegan a mi cabeza,

se desarrollan y desenvuelven

casi sin esfuerzo.

Mis nuevas ideas

son aplaudidas

y dan como fruto

un gran trabajo».

Dejaremos hornear durante unos 50 minutos, o hasta que la calabaza esté bien hecha. Una vez listo, podéis espolvorear avellanas picadas por encima, además del queso azul restante.

SALTEADO DE SETAS Y ESPINACAS
PLATO DE FUERZA

Dificultad:	II
Tiempo:	II

Para 4 personas necesitaremos:
- 250 g de setas variadas.
- 120 g de espinacas.
- 8 huevos.
- 3 patatas medianas.
- 2 dientes de ajo.
- Tomillo.
- Romero.
- Pimienta negra.
- Aceite de oliva.
- Sal.

Los ingredientes mágicos de este hechizo son:
- Seta: aporta estabilidad y fuerza, además de sanar heridas.
- Espinaca: atrae fuerza, además de perseverancia y prosperidad.
- Huevo: aporta protección.
- Patata: añade energía, da estabilidad y protección.
- Ajo: protege y purifica, favorece la sanación.
- Tomillo: protege, aporta fuerza y coraje.
- Romero: purifica y protege, revitaliza y aporta fuerza.
- Pimienta negra: ofrece fuerza y estimulación, protege y purifica.

Este hechizo es fantástico para aquellas épocas en las que sentimos que todo nos sobrepasa y necesitamos una ayuda extra. Empezaremos pelando, cortando en dados y cociendo las patatas en agua con una cucharadita de sal durante 20 minutos.

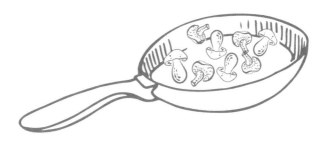

SIGILO DE FUERZA

Calentaremos un par de cucharadas de aceite de oliva en una sartén, y pondremos los dados de patata para que se doren. Añadiremos una cucharadita de tomillo, dos de romero y sal y pimienta al gusto. ¡Intencionad los ingredientes poco a poco! Precalentaremos el horno a 200 °C, con calor por arriba y abajo, sin ventilador.

Mientras se cocina el contenido de la primera sartén, trocearemos las setas y picaremos el ajo. Luego lo pondremos en otra sartén y lo dejaremos cocinar durante un par de minutos antes de añadir las espinacas. Removeremos durante unos segundos y retiraremos del fuego. Trazad algún sigilo que acompañe la finalidad del hechizo.

En cuatro recipientes aptos para el horneado, repartiremos las patatas y pondremos por encima el contenido de la segunda sartén. En cada uno de los recipientes cascaremos un par de huevos y los hornearemos por unos 10 minutos (hasta que las claras cuajen). ¡Luego ya estará listo para servir!

CANELONES DE SETAS
CANELONES DEL NUEVO AMOR

Dificultad:	III
Tiempo:	III

Para 2 personas:

Canelones
- 300 ml de caldo vegetal.
- 300 g de setas.
- 70 g de soja texturizada.
- 1 cebolla.
- 4 cucharadas de tomate frito.
- 8 o 10 tubos de canelones.
- Orégano.
- Tomillo.
- Pimienta negra.
- Pimentón dulce.
- Sal.
- Aceite de oliva.
- Queso rallado.

Bechamel
- 600 ml de leche entera.
- 50 g de mantequilla.
- 50 g de harina de trigo.
- Nuez moscada.
- Sal.

Los ingredientes mágicos de este hechizo son:
- Cebolla: elimina los bloqueos amorosos provocados anteriormente, sana heridas y protege la nueva relación.
- Tomate: ofrece un amor próspero y protege la relación.
- Orégano: atrae una relación feliz, cariñosa y comprometida, además de protegerla.
- Tomillo: otorga un amor próspero y positivo, además de fuerza para superar cualquier complicación.
- Pimienta negra: protege y aporta claridad para encontrar a la persona indicada.
- Pimentón dulce: aporta energía al hechizo, rompe con trabajos mágicos indeseados, atrae el amor.
- Aceite de oliva: atrae paz a la relación.
- Queso: añade deseo y amor, además de felicidad.
- Mantequilla: suaviza las relaciones.
- Nuez moscada: destierra energías indeseadas.

Esta receta es perfecta para cuando queremos encontrar a alguien especial o para las primeras semanas de una relación. Empezaremos picando bien la cebolla, con ayuda de una batidora de mano si hiciese falta, y la cocinaremos en una sartén a fuego medio con un chorro de aceite. Añadiremos una pizca de sal y taparemos mientras se cocina. Aprovecharemos para hidratar la soja con el caldo vegetal y triturarla si su textura no era fina. También trituraremos las setas y añadiremos todo a la sartén. Pondremos el tomate frito, una cucharadita de orégano, otra de tomillo, un poco de pimentón y una pizca de pimienta. Cocinaremos bien hasta que el caldo de la soja se evapore y tenga una textura cremosa y consistente. Recitad alguna oración que acompañe el hechizo mientras ejecutáis los pasos de la receta.

«**Bienvenido eres,**
nuevo amor que llegas a mi puerta.
Acompáñame en este camino,
apóyame y dame soporte,
igual que yo lo haré.
Trae contigo alegrías y enseñanzas,
y plaga mi memoria
con buenos recuerdos.
Confiemos y riamos.
Bienvenido eres,
nuevo amor que ya llegas».

En otra sartén haremos la bechamel. Pondremos a fuego medio la mantequilla y, justo cuando se funda, añadiremos la harina y removeremos hasta formar una pasta. Sin dejar de remover, añadiremos la leche muy poco a poco, para que no haya grandes cambios de temperatura. Ayudaos

CANELONES DE SETAS
CANELONES DEL NUEVO AMOR

de unas varillas para evitar los grumos y no añadáis más leche de la que la masa está absorbiendo. Una vez que todo quede bien integrado, añadiremos sal y nuez moscada al gusto.

Iremos cociendo la pasta de los canelones siguiendo las instrucciones del producto. La escurriremos con agua fría y la extenderemos sobre un paño de cocina.

Rellenaremos los canelones con el preparado que hicimos al principio. Podéis usar una manga pastelera, pero yo prefiero hacer un cono con papel vegetal y un poco de cinta adhesiva. Pongo la crema dentro, aprieto un poco en el extremo abierto para que llegue a la punta del cono y corto un trocito de la punta para dejar que salga el relleno. Así puedo hacer una manga tan estrecha como necesite para la receta, y luego no hace falta lavar nada.

Pondremos nuestros canelones ya rellenos sobre una fina capa de bechamel en un recipiente apto para el horno, y los cubriremos con el resto de la salsa. Por encima podemos añadir un poco de queso rallado. Luego los hornearemos a 200 °C, con calor por arriba y abajo, sin ventilador, durante aproximadamente media hora.

SOPA DE CEBOLLA
SOPA DE DEJAR ATRÁS

Dificultad:	**IV**
Tiempo:	**IV**

Para dos litros de sopa necesitaremos:
- 6 cebollas grandes.
- 8 vasos de caldo.
- 2 cucharadas de mantequilla.
- 2 dientes de ajo.
- 1/2 vaso de vino blanco.
- Tomillo.
- Pimienta negra.
- Romero.
- Nuez moscada.
- Aceite de oliva.
- Azúcar.
- Sal.

Los ingredientes mágicos de esta receta son:
- Cebolla: elimina bloqueos amorosos, aporta protección y purifica las energías indeseadas del asunto.
- Mantequilla: suaviza el mal trago sentimental.
- Ajo: favorece la sanación, protege y purifica.
- Laurel: ayuda a sanar y a seguir adelante, aporta protección.
- Tomillo: da protección y fuerza para romper el vínculo.
- Pimienta negra: aporta claridad en el asunto, además de fuerza y protección.
- Romero: favorece la revitalización, ofrece protección.
- Nuez moscada: destierra a las personas y energías indeseadas.
- Azúcar: endulza la situación para poder superarla más fácilmente.

Cualquier tipo de hechizo se puede hacer en unos fogones. Aunque lo más común sea encontrar recetas de amor o de alegría, existen recetas como esta, cuya finalidad es cortar lazos con una persona en concreto.

SOPA DE CEBOLLA
SOPA DE DEJAR ATRÁS

Primero, comenzaremos pelando y cortando la cebolla en tiras. La caramelizaremos en una olla a fuego medio con tres cucharadas de aceite, removiendo bien hasta que la cebolla se ablande y comience a dorarse. La caramelización de la cebolla lleva su tiempo. ¡No tengáis prisa! Si la cebolla se tuesta en vez de ablandarse y cocinarse poco a poco, bajad el fuego. Cuando vaya adquiriendo un tono amarronado, añadiremos la mantequilla, una pizca de azúcar (para ayudar con el proceso) y de sal. Seguiremos cocinando la cebolla hasta que esté bien hecha, otros 15 minutos más. Pelaremos y picaremos los dientes de ajo, los añadiremos a la olla y dejaremos cocinar un par de minutos. Cada vez que remováis, aprovechad para recitar una oración acorde con vuestra situación.

«**Aléjome de esa persona**
cuyo nombre no quiero volver a oír.
Olvido su voz,
olvido su cara
y olvido su mirada.
Ya nada queda
que nos una;
corto el vínculo
y cualquier lazo que hubiese.
Reclamo mi energía,
reclamo mi vida
y reclamo las sonrisas
que algún día le entregué.
Aléjome de esa persona
cuyo nombre ya no vuelvo a oír».

Pondremos el medio vaso de vino y despegaremos la cebolla que se haya quedado en los bordes con ayuda de una espátula o cuchara de madera. Luego, añadiremos el caldo, el tomillo, el romero, la nuez moscada y las hojas de laurel, y subiremos el fuego hasta que todo hierva suavemente. Taparemos la olla y dejaremos cocer durante media hora. Pasado este tiempo, añadid sal y pimienta al gusto. Antes de servir, retirad el laurel. Podéis acompañar esta sopa con picatostes o panecillos de queso.

Para un mejor efecto de la sopa, esta debe consumirse durante tres anocheceres seguidos. Si no queréis repetir cena tres veces, podéis guardar la sopa en la nevera y, al anochecer, simplemente tomar un vasito del caldo.

GALLETAS DE JENGIBRE
GALLETAS PARA EL AÑO NUEVO

Dificultad:	**III**
Tiempo:	**IV**

Para 24 galletas necesitaremos:

- 375 g de harina de trigo.
- 250 g de melaza.
- 170 g de mantequilla.
- 165 g de azúcar moreno.
- 4 g de levadura en polvo.
- 2 cucharadas de leche.
- 1 cucharada de canela molida.
- 1 cucharada de jengibre en polvo.
- 1/2 cucharadita de clavo molido.
- 1/2 cucharadita de sal.

Los ingredientes mágicos del hechizo son:

- Trigo: aporta abundancia y prosperidad, simboliza el renacer.
- Melaza: endulza situaciones, ayuda a perseguir objetivos y comprometerse.
- Mantequilla: suaviza situaciones incómodas.
- Azúcar: endulza situaciones.
- Leche: atrae abundancia y prosperidad.
- Canela: aporta protección, sana las heridas del año anterior, atrae amor y buena suerte.
- Jengibre: añade energía al hechizo, ayuda a manifestar lo que queremos, atrae amor y abundancia.
- Clavo: purifica y protege, limpia la energía para empezar el año con buen pie.

Al tomar una de estas galletas durante el primer día del año, atraeréis sus propiedades para el resto de este. Comenzaremos mezclando la harina tamizada, el azúcar, la levadura, la canela, el jengibre, el clavo y la sal en un bol. Añadiremos a trocitos la mantequilla a temperatura ambiente para facilitar su incorporación a la mezcla. La integraremos bien con ayuda de un tenedor hasta que la textura sea fina. Añadiremos la melaza y la leche poco a poco mientras removemos y seguiremos amasando hasta que quede bien mezclada. Formaremos dos bolas con nuestra masa, las cubriremos con film plástico y las refrigeraremos, si es posible, durante toda la noche. Como mínimo necesitarán enfriarse durante tres horas en la nevera. Si tenéis mucha prisa, aunque no sea lo ideal, podéis meter la masa en el congelador durante media hora. ¡Trazad algún sigilo en la masa antes de refrigerarla!

Una vez pasado el tiempo de refrigeración, precalentaremos el horno a 180 °C con calor arriba y abajo, sin ventilador, y prepararemos un par de bandejas de horno con papel vegetal. Extenderemos una bola de masa en una superficie plana (usando un poco de harina para que nada se pegue), hasta que tenga un grosor de un centímetro. Con un molde para galletas, cortaremos nuestras formas: muñequitos, estrellas, lunas… Y las pondremos sobre una de las bandejas que preparamos anteriormente. Sacaremos la segunda bola de masa de la nevera y repetiremos el proceso. Mientras tanto, refrigeraremos la primera bandeja para que las galletas no se calienten demasiado.

Luego, hornearemos entre 8 y 10 minutos, hasta que la masa del centro de cada galleta esté un poco firme y, al tocarlas con el dedo de forma suave, casi no quede una huella. Una vez hechas, las pondremos en una rejilla con mucho cuidado para que enfríen bien. Las podéis decorar con azúcar o glaseado de colores, y dibujar runas y sigilos. ¡Incluso escribid aquello que queráis atraer durante el año siguiente!

SIGILO DE PRÓSPERO
AÑO NUEVO

MAGDALENAS CON CHOCOLATE
MAGDALENAS DEL BUEN FUTURO

Dificultad:	III	
Tiempo:	III	

Para 12 magdalenas necesitaremos:
- 250 g de harina de trigo.
- 150 g de azúcar.
- 75 g de mantequilla.
- 120 ml de zumo de naranja recién exprimido.
- 60 ml de leche entera.
- 60 ml de crema agria.
- 2 huevos grandes.
- 2 y 1/2 cucharaditas de levadura en polvo.
- Ralladura de una naranja.
- Extracto de vainilla.
- Pepitas de chocolate negro.
- Sal.

Los ingredientes mágicos de este hechizo son:
- Trigo: aporta abundancia y prosperidad.
- Azúcar: endulza situaciones, atrae buenos momentos.
- Naranja: aporta alegría, purifica energías no deseadas.
- Leche: atrae abundancia y prosperidad.
- Huevo: aporta protección.
- Vainilla: atrae amor, amistad y belleza, aporta felicidad y vitalidad.
- Chocolate: aporta estabilidad y prosperidad, atrae felicidad y amor.

Haced esta receta cuando os sintáis perdidas y todo parezca ir en vuestra contra. Primero, precalentaremos el horno a 190 °C, con calor por arriba y abajo, sin ventilador. Prepararemos moldes de magdalenas con su respectivo papel. En un bol grande mezclaremos el azúcar, la ralladura de naranja, la harina tamizada, la levadura y una pizca de sal. En otro bol batiremos los huevos con la mantequilla derretida, la crema agria, la leche, el zumo de naranja y media cucharadita de extracto de vainilla. Cuando los ingredientes húmedos hayan formado una mezcla uniforme, los incorporaremos al bol de los ingredientes secos, haciendo un agujerito en la harina. Mezclaremos haciendo «pliegues» en la masa con una espátula. En este punto podéis añadir cuatro cucharadas de pepitas de chocolate negro. Recitad una pequeña oración mientras amasáis.

«La buena suerte
llega a mi vida,
y resuelve problemas,
atrae amores
y alegrías».

Repartid la masa en los moldes de magdalena y hornead durante 15 o 20 minutos hasta que, al clavar un palillo, este salga limpio.

ROLLITOS DE CANELA
BOCADOS DE LA NUEVA LUZ

Dificultad:	**III**
Tiempo:	**IV**

Para 9 porciones necesitaremos:

Masa
- 400 g de harina de trigo de fuerza.
- 60 g de mantequilla.
- 50 g de azúcar.
- 7 g de levadura en polvo.
- 180 ml de leche entera.
- 1 huevo mediano.
- 1 yema de huevo.
- Sal.

Relleno
- 150 g de azúcar moreno.
- 60 g de mantequilla.
- 1 y 1/2 cucharadas de canela en polvo.

Los ingredientes mágicos de este hechizo son:
- Trigo: simboliza la celebración de la cosecha anterior, atrae abundancia y prosperidad.
- Mantequilla: suaviza el inicio de la nueva temporada cálida, facilita los cambios.
- Azúcar: atrae buenos momentos, endulza situaciones.
- Leche: atrae prosperidad.
- Huevo: aporta protección.

Esta receta es genial para empezar a despedir la estación oscura y dar la bienvenida a los días más largos. Para hacer la masa comenzaremos calentando la leche hasta que alcance unos 50 °C (menos de un minuto en el microondas debería ser suficiente). En un bol, mezclaremos la leche con el azúcar, el huevo, la yema y la mantequilla derretida. Luego, añadiremos una pizca de sal, la levadura y la harina, poco a poco mientras mezclamos, para formar la masa. Enharinaremos una superficie plana y amasaremos bien nuestra masa durante unos 10 minutos; debería quedar una bola un poquito pegajosa. Si pasado este tiempo está muy pegajosa, añadiremos una cucharada más de harina. Pondremos nuestra masa en un bol (preparado previamente con un poquito de aceite) y cubriremos con film plástico y un paño caliente. Dejaremos que repose durante una hora y media o hasta que duplique su tamaño. Trazad un sigilo sobre la masa, con un poco de aceite o harina, antes de taparla.

Extenderemos la masa sobre una superficie enharinada hasta que quede un rectángulo de unos 35 × 20 cm. Untaremos de mantequilla la masa dejando un pequeño margen en uno de los lados largos para luego poder cerrar el rollo. Mezclaremos el azúcar moreno y la canela, y lo espolvorearemos por encima de la mantequilla. Enrollaremos todo bien, hasta llegar al margen que dejamos antes, y este lo colocaremos bajo el rollo para que termine de cerrar bien. Con un hilo (la seda dental es fantástica para esta tarea) cortaremos el rollo en unos 9 trozos. Colocaremos los rollitos en un molde o bandeja de horno de 20 × 20 cm, cubierto con papel vegetal, y lo taparemos con film plástico y un paño caliente durante 45 minutos. Iremos precalentando el horno a 180 °C con calor por arriba y abajo, sin ventilador.

Una vez que pase el tiempo de reposo, hornearemos los rollitos por 20 minutos o hasta que estén dorados. Podéis cubrirlos con glaseado, pero también son geniales con mermelada.

SIGILO DE ALEGRÍA
Y ABUNDANCIA

TRONCO DE CHOCOLATE
TRONCO DE YULE

Dificultad:	**IV**
Tiempo:	**IV**

Para un pastel necesitaremos:

Bizcocho
- 100 g de harina de trigo.
- 40 g de cacao en polvo.
- 150 g de azúcar.
- 70 g de crema agria.
- 60 g de mantequilla.
- 4 huevos grandes.
- 1 cucharadita de levadura en polvo.
- Extracto de vainilla.
- Sal.

Relleno
- 300 ml de nata para montar.
- 85 g de azúcar glas.
- 225 g de mascarpone.
- Extracto de vainilla.
- Sal.

Decoración
- 225 g de chocolate rallado.
- 235 ml de nata para montar.

Los ingredientes mágicos de este hechizo son:
- Trigo: atrae abundancia y prosperidad durante el próximo año.
- Mantequilla: suaviza situaciones, facilita los cambios.
- Azúcar: endulza malos tragos, atrae buenos momentos.
- Lácteos: ofrecen prosperidad.
- Huevo: aporta protección.
- Vainilla: atrae amor y amistad, aporta felicidad y vitalidad.
- Queso: da amor y felicidad.

Este postre es genial para las celebraciones de la estación fría.

Comenzaremos precalentando el horno a 180 °C, con calor por arriba y abajo y sin ventilador. Cubriremos con papel de horno una bandeja o molde de unos 40 × 30 cm. Intentad que el papel sobresalga por los lados para ayudar posteriormente a sacar y enrollar el bizcocho. En un bol mezclaremos la harina, el cacao en polvo, la levadura y una pizca de sal, y reservaremos la mezcla para luego. En otro recipiente batiremos las yemas de los huevos con el azúcar. Añadiremos la crema agria, la mantequilla derretida y una cucharadita de vainilla, y volveremos a batir muy bien. ¡Que no se os olvide intencionar los ingredientes!

Luego, añadiremos en este recipiente los ingredientes secos del primer bol y mezclaremos bien hasta obtener una masa homogénea. En un tercer bol montaremos las claras de los huevos; batid con varillas hasta que se formen picos firmes al sacarlas. Añadiremos un tercio de las claras montadas al recipiente de la masa y las incorporaremos poco a poco, haciendo movimientos envolventes con una espátula. Una vez que estén incorporadas, añadiremos el resto de las claras a la masa, volviendo a agregarlas de manera envolvente (como si doblásemos la masa por encima).

TRONCO DE CHOCOLATE
TRONCO DE YULE

Cuando todo esté bien mezclado, pondremos la masa en la bandeja preparada y hornearemos el bizcocho durante unos 10 minutos. Clavaremos un palillo para saber si está bien hecho; si sale limpio es que sí; si no, lo hornearemos un par de minutos más. En el momento en que esté listo el bizcocho, lo sacaremos rápidamente del molde y lo enrollaremos sobre sí mismo (sin retirar el papel de horno, para que no se pegue). Así tomará la forma y se enfriará de esta manera, y evitaremos que se rompa al rellenarlo y enrollarlo para formar el tronco. Lo dejaremos enfriar poco a poco a temperatura ambiente. Recitad alguna oración que acompañe el hechizo.

«Agradezco los momentos de reunión
y la prosperidad que todas atraemos.
Invoco muchas alegrías,
nuevas oportunidades
y mil amores y amistades
para este año nuevo».

Cuando el bizcocho esté frío comenzaremos a hacer el relleno. Batiremos la nata con el azúcar, una cucharadita del extracto de vainilla y una pizca de sal, hasta que se formen picos suaves. Añadiremos el mascarpone y batiremos hasta que se formen picos firmes. Desenrollaremos el bizcocho con mucho cuidado, untaremos el relleno y volveremos a enrollarlo, esta vez sin el papel de horno. Lo envolveremos en film plástico y lo dejaremos enfriar en la nevera durante una hora como mínimo. Poned el lado del extremo exterior del bizcocho justo abajo para que luego no se desenrolle.

Pasado el tiempo de refrigeración, haremos la cobertura del tronco. Calentaremos la nata, por ejemplo, en el microondas, hasta que empiece a hervir. Mientras tanto pondremos la ralladura de chocolate en un bol y, una vez esté la nata caliente, la añadiremos por encima. Dejaremos reposar un momento antes de empezar a batir y batiremos hasta tener una mezcla suave. Esperaremos a que la mezcla se enfríe y espese, y batiremos bien rápido hasta que su espesor permita cubrir el tronco. Podéis cortar un trozo pequeño del bizcocho y pegarlo a un lado de este para hacer un «tronco con ramita». Ahora solo queda repartir la cobertura a modo de corteza y tallar en ella las decoraciones que os gusten. Runas, sigilos o incluso deseos. Espolvoread azúcar glas y decorad el plato con ramitas de romero para darle un toque especial.

REMEDIOS MÁGICOS

- Ata tres ramas de canela con un hilo rojo y cuélgalas sobre la puerta principal de tu casa para protegerla y atraer la prosperidad.

- Añade una infusión de tu combinación de hierbas preferidas al agua de la fregona para impregnar tu hogar de sus propiedades mágicas.

- Pon un poco de miel en tu café de la mañana para tener un buen día.

- Pon una cabeza de ajos debajo de la cama para evitar las pesadillas y los malos sueños.

- Intenciona tu cartera o monedero para que atraiga más riquezas quemando un poquito de canela y poniendo dentro tres hojas de laurel.

- Usa perfumes cuyas flores coincidan con la energía que deseas desprender durante el día.

- Encanta un llavero para que abra nuevas puertas y caminos.

- Moja las suelas de los zapatos de una persona indeseada con un poco de salsa muy picante para que se vaya rápidamente de tu vida.

- Dibuja sigilos en tus uñas antes de pintarlas con el pintaúñas. En la mano derecha dibuja aquellos sigilos cuya energía quieras dar o proyectar, y en la izquierda, los de la energía que desees recibir.

- Humedécete el pelo con el agua de la lluvia y haz una trenza bien apretada para «retener» la tormenta y poder regresar a casa sin mojarte. ¡Recuerda deshacerla al llegar!

- Inscribe sigilos de «buen camino» en las plantillas de tus zapatos para ir siempre por el camino correcto, tanto físicamente como de manera emocional.

- Lleva una carta de tarot u oráculo cerca cuando quieras atraer su energía, o déjala en algún lugar visible de la casa.

- Exfolia tus labios con una mezcla de miel y azúcar moreno para que tus palabras siempre suenen dulces.

- Al pasar cerca de una casa en construcción, recoge un poco de polvo de ladrillo (mejor si es de terracota). Es genial para añadir en hechizos y rituales de protección.

- Espolvorea cascarilla (polvo de cáscara de huevo) en las ventanas y puertas de tu hogar, haciendo una línea continua, para proteger el espacio de energías no deseadas.

- Pon saquitos de romero, canela y lavanda en el armario de la ropa para darle propiedades protectoras, además de perfumarla.

- Moja tus zapatos en un salto de agua (tanto en una gran cascada como en un pequeño riachuelo con desnivel) cuando sientas que estás estancada y necesitas que algo avance (un proyecto, una situación…).

- Recoge agua de lluvia, cuélala y añade tres gotas a un limpiador multiusos para purificar la casa conforme quitas el polvo.

- Encanta tu hucha (o la tarjeta de tu cuenta bancaria) para que atraiga más riqueza y que cada ingreso multiplique por tres el siguiente.

- Haz un dobladillo en la parte baja de las cortinas y cose dentro lentejas para atraer la buena suerte al hogar. También puedes hacer un pequeño corte en el dobladillo existente e introducirlas con cuidado.

- Escribe tus manifestaciones como si ya hubieses conseguido lo deseado y lo escribieses en un diario, poniendo una fecha lejana. Por ejemplo: «15 de abril de 2025. Querido diario, hoy he firmado la compra de mi nueva casa. Tiene dos plantas, vistas al parque, una distribución estupenda y un precio asequible. Mi vecina es muy simpática y me ha ayudado con la mudanza…». ¡Sed un poco realistas con la fecha! Hay manifestaciones que es mejor no escribir para pasado mañana.

ESTE LIBRO SE TERMINÓ DE IMPRIMIR
EN MAYO DE 2023